铁道警察学院规划教材

铁路警务战术实训指导

付新河／主编

法律出版社
LAW PRESS·CHINA
北京

图书在版编目(CIP)数据

铁路警务战术实训指导 / 付新河主编. -- 北京 :
法律出版社, 2018(2023.1 重印)
ISBN 978-7-5197-2331-6

Ⅰ. ①铁… Ⅱ. ①付… Ⅲ. ①铁路运输-公安工作-战术学-中国-教材 Ⅳ. ①U298.7②D631

中国版本图书馆 CIP 数据核字(2018)第 125937 号

铁道警察学院
规划教材

铁路警务战术实训指导
TIELU JINGWU ZHANSHU SHIXUN ZHIDAO

付新河 主编

责任编辑 屈 瑶
装帧设计 李 瞻

出版发行 法律出版社
编辑统筹 学术·对外出版分社
责任校对 李景美
责任印制 陶 松
经 销 新华书店

开本 710 毫米×1000 毫米 1/16
印张 10 **字数** 186 千
版本 2018 年 7 月第 1 版
印次 2023 年 1 月第 6 次印刷
印刷 北京建宏印刷有限公司

地址:北京市丰台区莲花池西里 7 号(100073)
网址:www.lawpress.com.cn
投稿邮箱:info@lawpress.com.cn
举报盗版邮箱:jbwq@lawpress.com.cn
销售电话:010-83938349
客服电话:010-83938350
咨询电话:010-63939796

书号:ISBN 978-7-5197-2331-6
定价:49.00 元
凡购买本社图书,如有印装错误,我社负责退换。电话:010-83938349

铁路警务战术实训指导
编 写 组

主　编：付新河

副主编：陈文彪　郭浩天

撰稿人：庞兵武　夏中保　候　伟　张正伟
英　军　张　斌　付新河　陈文彪
郭浩天　柴建华　徐昊伟　韩志阳

编写说明

公安机关的训练是加强队伍管理、增强综合素质、提高执法水平、提升队伍战斗力的重要途径,强警先强教。公安院校教学训练要注重面向实战、服务实战、融入实战,切实将实战化要求、战斗力标准贯彻到教学训练全过程。铁路警务战术是指铁路民警以法律为准绳、以对抗为核心、以制胜为目标、以低耗高效为要求、以规范执法和打赢执法战斗为目的的课程。民警成功遏制犯罪嫌疑人的犯罪意图和行为,是通过合理合法的战术行动来实现的,在这个过程中,犯罪与控制犯罪双方始终贯穿着限制与反限制的激烈对抗。警察临战的突发性、对抗性要求警察合理运用战术能力,这种能力主要靠科学的反复练习才能达到目的。铁路警务战术实战化训练是提高执法能力的关键环节。因此,为适应实战化教学规律与训练的要求,铁路警务战术课程需紧紧围绕警务实战这一主线开展实训。本教材依据公安部统编教材《铁路警务战术》,以简单、实用为原则,合理规范安排各项实训内容,从而为整个实战化训练内容形成规范、有序的实训模式打下基础。

通过铁路警务战术的实训,贯彻安全、规范的执法理念,使学生了解警务战术的基本方法,掌握在铁路站、车、线上查缉、控制各种犯罪活动的灵活、实用、有效的战术处置方法,包括执法安全要素、铁路警务战术基础动作、盘查战术、缉捕战术、押解战术、解救人质战术、狭窄空间战法、反暴恐处置战法等不同类型的战术行动方法,将教学与实训相结合,完善"教、学、练、战"一体化培养模式,着重提高学生的实战能力,促进教学训练与警务实战无缝衔接,努力培养造就更多服务铁路公安机关的高素质专门人才,以适应新时期公安工作的需要。

本教材由付新河任主编,陈文彪、郭浩天任副主编,特邀请警务实战经验丰富的上海铁路公安局副局长英军同志,铁路公安系统著名的查缉能手、郑州铁路公安处乘警支队五大队教导员夏中保同志,河南警察学院指挥战术系副主任徐昊伟同志编写了部分内容。具体编写分工如下:

付新河,负责编写实训项目一:执法安全要素。庞兵武、韩志阳,负责编写实训项目二:铁路警务战术基础动作。夏中保,负责编写实训项目三:铁路站车盘查战术。郭浩天,负责编写实训项目四:铁路常规缉捕战术。候伟,负责编写实训项目五:铁路环境下的枪战战术。张斌,负责编写实训项目六:对铁路持爆炸物犯罪嫌疑人的缉捕战术;实训项目十一:铁路站车带离押解战术。张正伟,负责编写实训项目七:铁路解救人质战术。英军,负责编写实训项目八:铁路群体性事件处置战术。柴建华,负责编写实训项目九:列车内狭窄空间战法。陈文彪,负责编写实训项目十:铁路反暴恐处置战法。徐昊伟,负责编写实训项目十二:现场急救。全书由付新河统稿。本教材的编著参考了相关专家的文献和教学研究成果,在此说明并表示感谢。

由于编者水平有限,书中难免存在疏漏与不妥之处,敬请读者批评指正。

《铁路警务战术实训指导》编写组

2017 年 6 月

总　序

教材建设是公安教育训练的基础性工作，是提高人才培养质量的重要措施。当前，经济社会快速发展，执法环境和执法依据显著变化，公安理论和实践创新长足进步，公安科技成果不断涌现并在实战中广泛应用，尤其是公安招录培养制度改革的深入推进，要求公安院校的教材建设，不仅要立足公安研究和科技发展的前沿，还要着力培养学生的警务实战技能。学校升本以来，迫切需要编写一套既符合时代要求，又满足本科教育需求的规划教材。对此，学校党委高度重视，成立了教材编审委员会，多次召开会议部署推动编写工作，推动了本套教材编写的有序进行。

本套教材以习近平总书记系列讲话为指导，以公安招录培养制度改革精神为依据，坚持校局合作、协同育人，本校教师与公安实战部门专家紧密结合，着眼于强化实验实训教学，深入基层，贴近实战，贴近执法活动，充分吸纳了警务实践活动的成功经验和理论研究的最新成果。内容上，在阐述学科基本原理的基础上，注重培养实践运用能力，促进教学“精讲多练”。体例上，既要求规范统一，又为教师预留了发挥空间，鼓励学术探讨和争鸣，培养学生的科研意识和创新思维，提高学生的应用和实践能力。

本套教材分为理论教材、实训教程、实训指导等类型。理论教材指未列入国家或省部级规划教材建设的学校教育训练急需教材；实训教程指能同时满足理论和实验实训教学需要，理论精炼、突出实验实训内容的教材；实训指导指在已有的国家或省部级规划教材基础上，满足实验实训教学需要，培养学生实践能力的辅助教材。

本套教材在学校统一领导下，分工合作，集体编写。为保证内容与实战紧密结合，吸纳了公安一线专家参与教材编写工作。教材由各编写组精心组织、反复论证，并经相关领域的专家审核后定稿。相信经过组织者、编写者和出版者的共同努力，本套教材能够满足学校本科教学和在职民警培训的需要，为培养符合实战需要的高素质应用型公安专门人才发挥积极作用。

铁道警察学院
教材编审委员会
2016 年 9 月

目录

实训项目一　执法安全要素

一、实训目的

通过实训，使学生树立安全执法的理念，执法勤务中践行防范安全要素，保护国家、集体财产安全，公民人身财产安全及公安民警自身安全，维护公共安全和社会秩序。

二、实训要求

教师精心准备，科学施教，严格要求。学生要认真听讲，遇疑发问，严守训练纪律。

三、实训方法

讲解法、示范法、案例演示法、评议法、正误对比法。

四、实训学时

2 课时(90 分钟)

五、实训场地、器材

(一)场地：铁路警务战术演练场

(二)器材：

名　称	数量	单位	用　途
多媒体设备	1	套	案例演示
单警装备	50	套	训练使用
防爆盾牌	5	副	训练使用
防刺服	5	套	训练使用
长警棍	5	根	训练使用
模拟旅客列车车厢	3	节	模拟场景使用

六、实训内容

警察执法战斗的最大特点是具有危险性,而这种危险的发生具有不确定性。民警要牢固树立安全的执法理念,在执法勤务中践行安全的防范行为,积极的自我保护,保护好自己的生命和健康才能更好地保护人民群众。民警的工作不允许有半点疏忽,必须时时刻刻处于临战状态,高度警觉就意味着生存,麻痹大意就意味着伤亡。降低风险要牢记戒备、距离、掩体、位置、沟通、配合六个执法时的安全要素,为安全有效处置创造时机和条件。

(一)戒备

戒备是战术行动控制前的心理准备和行为准备。对违法犯罪嫌疑人是一种威慑,对民警而言是一种自我保护的安全措施。戒备分思想戒备和行为戒备。

1. 思想戒备。民警在执法勤务中要保持良好心理状态、情绪状态、带齐随身的装备。思想首先要有危险防范意识。在每次接到指令、报案或遇到现场犯罪时,要尽可能地了解有关案件的情报和信息,进行形势评估。考量是否有危险;危险点在哪里;是否有警力和装备优势;发生对抗能否控制住局面;在保证安全的前提下怎么合理控制。其次在现场要具备察觉危险的能力。利用自身感觉器官时时处处寻找危险迹象,及时发现危险源,判定危险的级别及暴力倾向。如看到执法相对人的两只手没有都显露出来,要及时采取相应的合理处置措施,思想上的戒备可以弥补行动中的失误(如图1-1所示)。

图1-1

2. 行为戒备。民警行为上要做好执法对抗的准备,以便在采取战术行动时,不需要过长的准备时间,而延误战机。根据现场执法对象的反应,采用不同的戒备姿势,以便快速位移、攻击或撤退。保持合适的戒备姿势,一是体现法律的强制威慑力,打消反抗动机。二是保护武器和警械安全。三是应对潜在危险。四是提升反应能力,抢占先机,对执法对象产生不同的合理控制效果(如图 1-2 所示)。

图 1-2

(二)距离

民警在执法时要与现场和执法相对人保持足够的安全距离,给自己留下反应和处置突发情况的时间。发挥警力和装备的优势,控制犯罪嫌疑人。

1. 与处置现场之间保持距离。到达现场后一定要在安全距离停顿一下,观察一下现场的人、物、环境、氛围情况,有无危险或反常迹象,进行形势评估,确认安全后再靠近或进入。

2. 与现场执法相对人之间保持距离。依据执法对象的性别、年龄、身高、体能状态,保持至少 1.5~3 米的安全距离(如图 1-3 所示)。

图 1-3

3. 与可疑人之间调整距离。如果执法相对人的行为反常转化为可疑人时,有危险迹象,要调整距离,主动拉大到 3~5 米的安全距离。

4. 与犯罪行为人之间制造距离。在执法现场如果执法相对人突然向警察攻击

转化为犯罪嫌疑人,警察面对突然攻击的表现应是:

(1)会跑,主动位移脱离危险区域。

(2)会闪,及时闪躲后主动位移脱离危险区域。

(3)会档,前臂档格后主动位移脱离危险区域。

(4)用移,利用随身、身边可移动物品迟滞攻击,主动位移脱离危险区域。

(5)用固,利用身边环境和固定物品摆脱攻击,主动位移脱离危险区域。

制造安全距离应7米以上,以便有时机及时使用警械或武器进行控制。

需要强调的是距离的保持是相对的,在防范时要保持安全距离,但是对确认的犯罪嫌疑人,在其没有觉察警察的控制意图时,要隐蔽接近犯罪嫌疑人,在近距离突然攻击控制,不给其留下反应的时间和反抗的机会。

(三)掩体

民警通过掩护来保证自己的身体不受伤害。

1. 通过物体掩护。在执法环境下有各种能够防弹、刀的移动和固定物体,在紧急情况下要会利用这些物体的防护达到安全的目的(如图1-4所示)。

图1-4

2. 通过身体的移动和改变掩护。通过身体的快速不规则的位移和减少身体受弹面积来达到安全的目的(如图1-5所示)。

图1-5

3. 寻求同伴的增援掩护。在需要帮手的时候,请求同伴或他人的援助,通过保证警力优势,控制局面,达到安全的目的(如图1-6所示)。

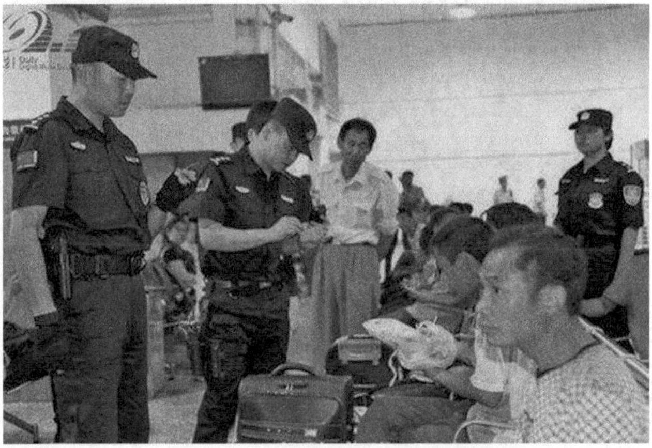

图1-6

4.通过装备的充足准备掩护。有针对性地使用防护装备,成为规矩和习惯,达到安全的目的(如图1-7、图1-8所示)。

图1-7

图1-8

5.通过有效的对抗策略掩护。利用各种对抗策略来预防、控制突发情况的发生,达到安全的目的。

(四)位置

在警务实战中,民警所处的位置和其安全是有直接联系的。民警位置选位要合理,要有利于自身安全;有利于可进退的空间;有利于利用掩体;有利于视线通透,不互相遮挡视线;有利于警力、装备优势发挥(如图1-9所示)。

图 1－9

(五)沟通

在处置现场,民警每个人的职责、行为目的、所处位置要沟通,相互间发现的险情要沟通。职责沟通以便互相配合,行为目的和所处位置沟通以便快速支援,对民警的安全相互负责(如图 1－10 所示)。

图 1－10

(六)配合

现场处置民警互相配合是发挥整体作战效能的要素,形成处置团队是配合的基础,以便在全局或局部形成警力和装备优势不打乱仗,职责互相配合、位置互相配合、战术手段互相配合,从而有效控制犯罪行为人,制止犯罪活动(如图 1－11、图 1－12 所示)。

图 1－11

图 1－12

实训项目二　铁路警务战术基础动作

一、实训目的

通过铁路警务战术基础动作实训，使学生掌握手枪佩戴、戒备姿势、战术射击动作、持枪移动、掩护物的利用、警组队形与运动，通讯手语使用的方法，为提高铁路环境下的实战应用能力打下坚实的基础。

二、实训要求

教师精心准备，科学施教，严格要求。学生令行禁止，敌情观念，以练促战，注重安全。

三、实训方法

讲解法、示范法、分解练习法、完整练习法、检查纠错法、正误对比法、案例模拟对抗训练法。

四、实训学时

8 课时(360 分钟)

五、实训场地、器材

(一)场地：铁路警务战术演练场

(二)器材：

名　称	数量	单位	用　途
多媒体设备	1	套	案例演示
单警装备	50	套	训练使用
模拟旅客列车车厢	3	节	模拟场景使用

六、实训内容

(一)戒备姿势

1. 自然式(如图 2-1 所示)。
2. 搭手式(如图 2-2 所示)。

图 2-1

图 2-2

3. 扶带式(如图 2-3 所示)。
4. 扶枪式(如图 2-4 所示)。

图 2-3

图 2-4

(二)战术射击动作

1. 手枪佩戴

(1)公开携带(如图 2-5、图 2-6 所示)。

图 2 –5

图 2 –6

(2)隐蔽携带(如图 2 –7 至图 2 –9 所示)。

图 2 –7

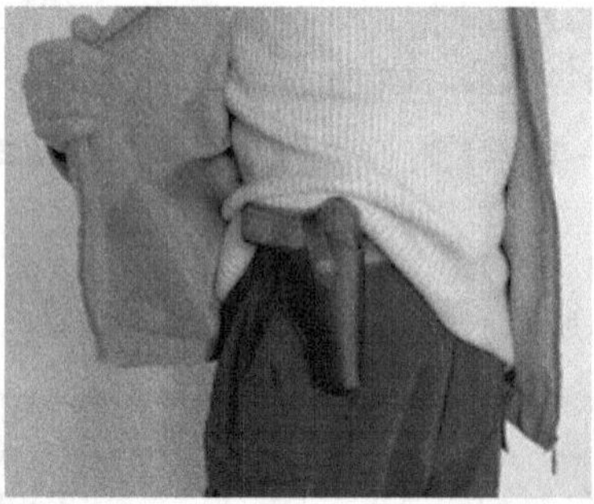

图 2 –8

图 2 –9

(3)特殊携带(如图 2 –10、图 2 –11 所示)。

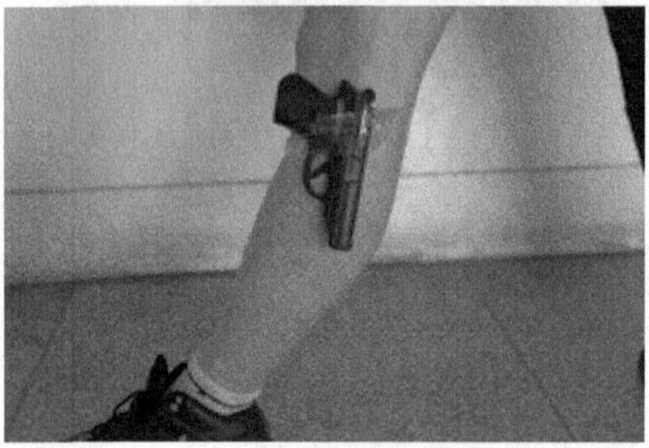

图 2 –10

图 2 –11

2. 出枪戒备

(1)低姿戒备(如图 2－12 所示)。

(2)平肩戒备(如图 2－13 所示)。

(3)高姿戒备(如图 2－14 所示)。

图 2－12

图 2－13

图 2－14

(4)贴腰戒备(如图 2－15、图 2－16 所示)。

(5)贴胸戒备(如图 2－17 所示)。

图 2－15

图 2－16

图 2－17

3. 枪支防护

(1)高姿戒备时防抢夺(如图 2－18 至图 2－21 所示)。

图 2 – 18

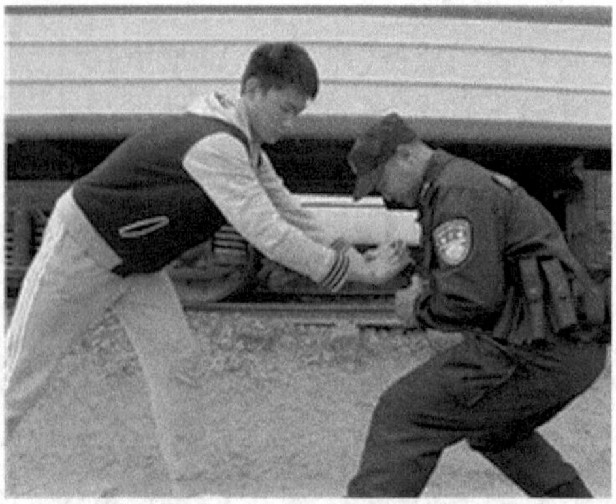

图 2 – 19

图 2 – 20

图 2 – 21

(2)低姿戒备时防抢夺(如图 2 – 22 至图 2 – 25 所示)。

图 2 – 22

图 2 – 23

图 2－24

图 2－25

(3)枪套中枪被抓防抢夺(如图 2－26 至图 2－29 所示)。

图 2－26

图 2－27

图 2－28

图 2－29

4. 手枪基本射击姿势

(1)手枪正面双手立姿射击姿势(如图 2－30 所示)。

(2)手枪侧身双手立姿射击姿势(如图 2－31 所示)。

(3)手枪双手跪姿射击姿势(如图 2－32 所示)。

图 2－30

图 2－31

图 2－32

(4)手枪双手卧姿射击姿势(如图 2－33 所示)。

(5)手枪双手仰姿射击姿势(如图 2－34 所示)。

图 2－33

图 2－34

5. 手枪射击身法变换动作

(1)立姿转身 90 度射击动作(如图 2－35 至图 2－37 所示)。

图2－35　　图2－36　　图2－37

(2)立姿转身180度射击动作(如图2－38至图2－40所示)。

图2－38　　图2－39　　图2－40

(3)跪姿转身90度射击动作(如图2－41至图2－43所示)。

图2－41　　图2－42　　图2－43

(4)跪姿转身180度射击动作(如图2－44至图2－46所示)。

图2－44

图2－45

图2－46

(5)卧姿转体90度射击动作(如图2－47、图2－48所示)。

图2－47

图2－48

(6)卧姿转体180度射击动作(如图2－49、图2－50所示)。

图 2－49

图 2－50

(三)身体移动的姿势和方法

1. 持枪立姿移动

(1)直身移动(如图 2－51 所示)。

(2)屈身移动(如图 2－52 所示)。

图 2－51

图 2－52

(3)猫步移动(如图 2－53、图 2－54 所示)。

图 2 – 53

图 2 – 54

(4)滑步移动(如图 2 – 55、图 2 – 56 所示)。

图 2 – 55

图 2 – 56

(5)跃进移动(如图 2 – 57 至图 2 – 60 所示)。

图 2 – 57

图 2 – 58

图 2 - 59

图 2 - 60

2. 持枪卧姿移动

(1)卧倒(如图 2 - 61 至图 2 - 64 所示)。

图 2 - 61

图 2 - 62

图 2 - 63

图 2 - 64

(2)起立(如图 2 – 65 至图 2 – 68 所示)。

图 2 – 65

图 2 – 66

图 2 – 67

图 2 – 68

(3)正低姿匍匐移动(如图 2 – 69 所示)。

图 2 – 69

(4)侧低姿匍匐移动(如图2－70所示)。

(5)滚进移动(如图2－71至图2－73所示)。

图2－70

图2－71

图2－72

图2－73

3.铁路站车环境下持枪移动

(1)坐仰倒(如图2－74、图2－75所示)。

图2－74

图2－75

(2)坐盘起(如图 2－76、图 2－77 所示)。

(3)蹲姿移动(如图 2－78 所示)。

图 2－76

图 2－77

图 2－78

(4)并步移动(如图 2－79 至图 2－81 所示)。

图 2－79

图 2－80

图 2－81

(5)交叉步移动(如图 2－82 至图 2－84 所示)。

图 2－82

图 2－83

图 2－84

(四)对掩护物的利用

1. 对自然地形利用的方法

(1)利用土坑(如图 2－85 所示)。

(2)利用树木(如图 2－86、图 2－87 所示)。

图 2－85

图 2－86

图 2－87

(3)利用沙、石、砖堆(如图 2－88 所示)。

图 2 - 88

2. 对楼、房、墙等地形的利用

(1)利用墙壁(如图 2 - 89、图 2 - 90 所示)。

图 2 - 89

图 2 - 90

(2)利用墙角、窗沿(如图 2 - 91、图 2 - 92 所示)。

图 2 - 91

图 2 - 92

3. 对车辆利用的方法(如图 2-93 至图 2-95 所示)。

图 2-93

图 2-94

图 2-95

(五)对铁路站车常见掩体的利用

(1)对站台柱体利用(如图 2-96 所示)。

(2)对站台值班室、候车室直角墙利用(如图 2-97、图 2-98 所示)。

图 2-96

图 2-97

图 2-98

(3)对列车车轮利用(如图 2-99、图 2-100 所示)。

图 2－99

图 2－100

(4)对客车车厢端门利用(如图 2－101、图 2－102 所示)。

图 2－101

图 2－102

(5)对铁轨利用(如图 2－103 所示)。

图 2－103

(6)对站台墙的利用(如图2－104所示)。

图2－104

(7)对车体顶部、车门、车窗的利用(如图2－105至图2－107所示)。

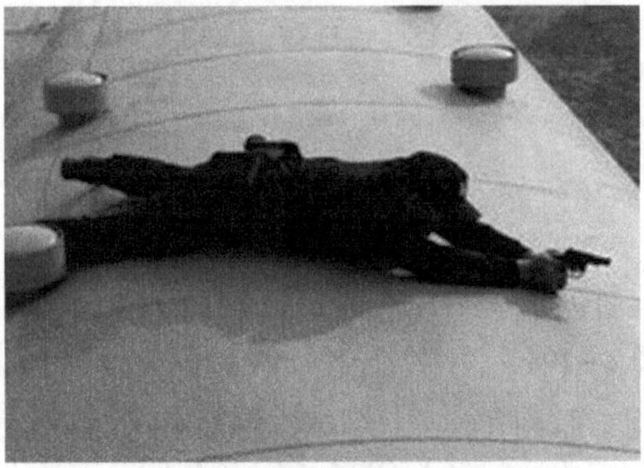

图2－105

图2－106

图2－107

(六)警组战术基础动作

1. 警组的编成

警组通常按四个层次进行若干编组,第一层次为指挥人员,第二层次为突击人员可成立突击组、围控组,第三层次为机动人员可成立机动组,第四层次为保障人员可成立保障组。

2. 警组运动队形

小组运动队形通常有一(二)路队形、一字队形、前三角队形、弧形队形、左梯形队形、“W”形队形、环形队形、介字形队形等(如图2-108至图2-116所示)。

一路队形

图2-108

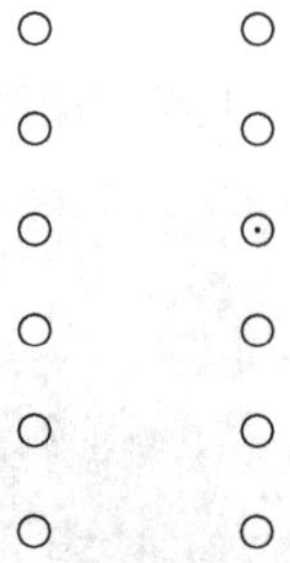

二路队形

图2-109

一字队形

图2-110

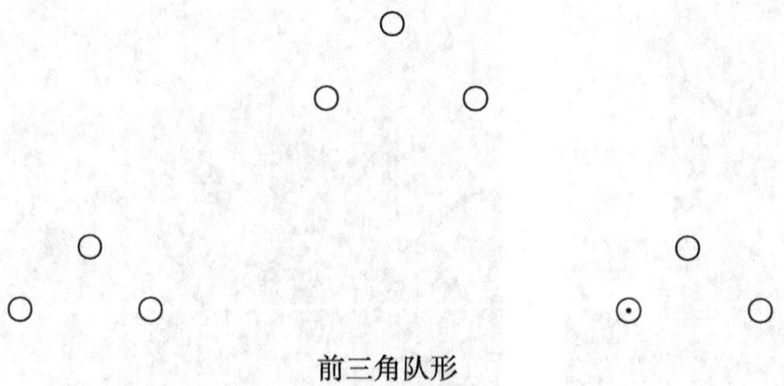

前三角队形

图2-111

弧形队形

图 2－112

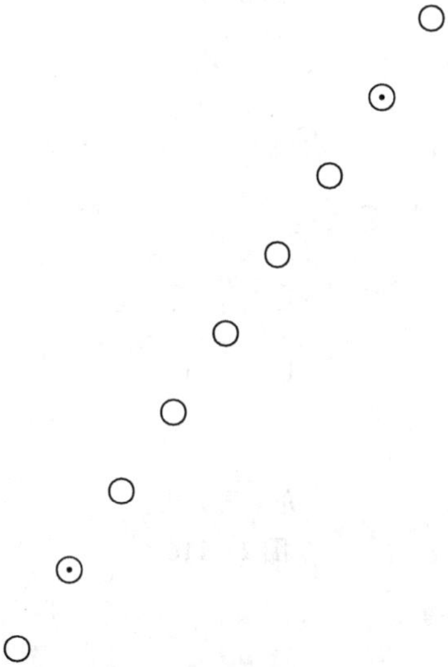

左梯形队形

图 2－113

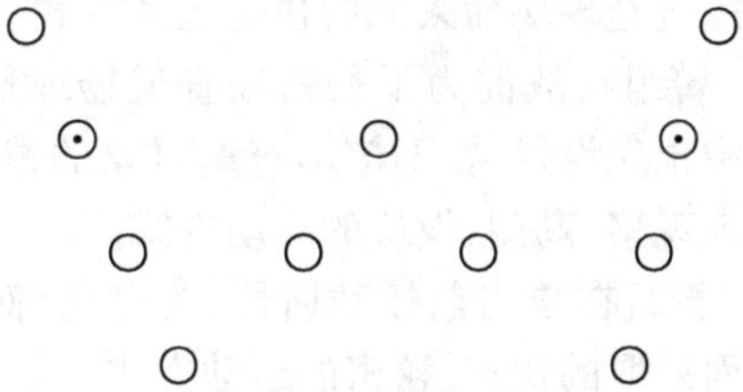

“W”形队形

图 2－114

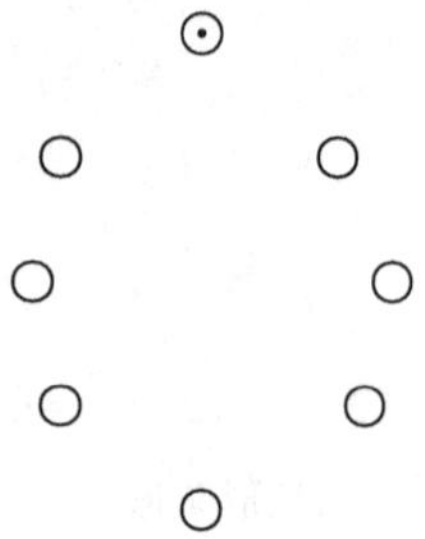

环形队形

图 2-115

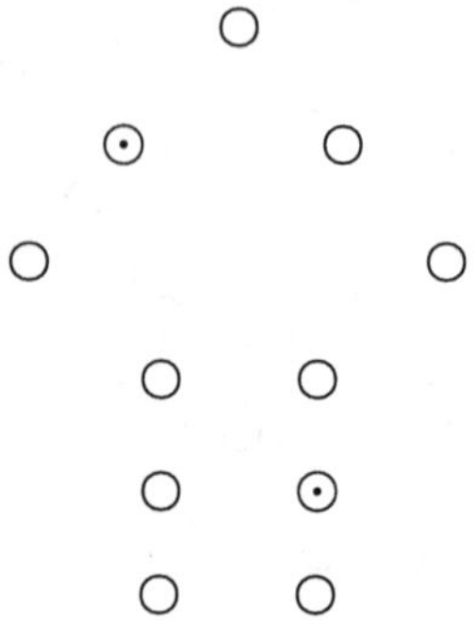

介字形队形

图 2-116

3. 警组战斗运动方法

全组跃进、全组各个跃进、分组跃进、分组各个跃进。

4. 警组战术行动运动方法

(1)全组集中奔袭。一般是当对象外逃及战斗地点或战斗样式发生变化时,整个警组以机械化方式快速赶赴现场而采取的快速运动方式。

(2)各个秘密渗透。警组在战前为了秘密勘查现场地形,准确确定对象特征、方位,在诱捕、伏击战斗中预先设伏,在不惊动查缉对象的情况下,警组成员进行伪装或以其他方式进行实地观察、勘测、设伏的运动方式。

(3)全组快速潜行。警组在攻击前接敌阶段,为避免惊动查缉对象,在做好自身隐蔽和掩护的基础上而采取的快速、秘密的运动方式。

(4)交替掩护推进。警组在执行搜索等高风险任务时采取的,以相互掩护、全面控制为基础的交替前进的运动方式。

5. 战斗手势用语

(1)反映人或物的数量(如图 2-117 所示)。

零

一

二

三

四

五

六

七

八

九

图 2－117

(2)反映人或物方位的手势动作。

①表示上与下(如图2－118、图2－119所示)。

②表示前与后(如图2－120、图2－121所示)。

③表示左与右(如图2－122、图2－123所示)。

图2－118

图2－119

图2－120

图2－121

图2－122

图2－123

(3)反映目标、人质基本状况的手势动作。

①犯罪嫌疑人(如图2－124所示)。

②可疑人(如图2－125所示)。

③人质(如图2－126所示)。

图 2－124

图 2－125

图 2－126

④成人(如图 2－127 所示)。

⑤儿童(如图 2－128 所示)。

图 2－127

图 2－128

⑥男性(如图 2－129 所示)。

⑦女性(如图 2－130 所示)。

图 2－129

图 2－130

(4)反映目标持武器和凶器状况的手势动作。

①目标持刀(如图 2－131 所示)。

②目标持手枪(如图 2－132 所示)。

③目标持长枪(如图 2－133 所示)。

图 2－131

图 2－132

图 2－133

④目标持霰弹枪(如图 2－134 至图 2－136 所示)。

图 2－134

图 2－135

图 2－136

⑤目标持棍(如图 2－137、图 2－138 所示)。

图 2 - 137

图 2 - 138

⑥目标持爆炸物(如图 2 - 139、图 2 - 140 所示)。

图 2 - 139

图 2 - 140

(5)反映目标现实活动情况的手势动作。

①目标在睡觉(如图 2 - 141 所示)。

②目标在吃饭(如图 2 - 142 所示)。

③目标在看电视(如图 2 - 143 所示)。

图 2 – 141

图 2 – 142

图 2 – 143

④目标在硬席(如图 2 – 144 所示)。
⑤目标在硬卧(如图 2 – 145 所示)。
⑥目标在软卧(如图 2 – 146 所示)。

图 2 – 144

图 2 – 145

图 2 – 146

⑦目标在餐车(如图 2 – 147 所示)。
⑧目标在列车(如图 2 – 148 所示)。

图 2 - 147

图 2 - 148

(6)反映战斗动作协同、配合的手势动作。

①集合(如图 2 - 149 至图 2 - 151 所示)。

图 2 - 149

图 2 - 150

图 2 - 151

②散开(如图 2 - 152、图 2 - 153 所示)。

图 2 - 152

图 2 - 153

③向我靠拢(如图 2－154、图 2－155 所示)。

图 2－154

图 2－155

④前进(如图 2－156、图 2－157 所示)。

图 2－156

图 2－157

⑤停止(如图 2－158 所示)。

图 2－158

⑥卧倒（如图 2－159、图 2－160 所示）。

图 2－159

图 2－160

⑦起立（如图 2－161、图 2－162 所示）。

图 2－161

图 2－162

⑧后退（如图 2－163、图 2－164 所示）。

图 2－163

图 2－164

⑨隐蔽（如图2－165、图2－166所示）。

图2－165

图2－166

⑩跟进（如图2－167、图2－168所示）。

图2－167

图2－168

⑪观察（如图2－169所示）。

图2－169

⑫掩护我(如图 2－170 所示)。

图 2－170

⑬进入(如图 2－171、图 2－172 所示)。

图 2－171

图 2－172

⑭准备(如图 2－173 至图 2－175 所示)。

图 2－173

图 2－174

图 2－175

⑮撞门(如图2－176至图2－178所示)。

图2－176

图2－177

图2－178

⑯行动(如图2－179、图2－180所示)。

图2－179

图2－180

⑰明白(如图2－181所示)。

图2－181

⑱不明白(如图2－182、图2－183所示)。

图2－182

图2－183

⑲没有情况(如图2－184、图2－185所示)。

图2－184

图2－185

⑳安静(如图2－186所示)。

图2－186

㉑很好(如图 2－187 所示)。

㉒不好(如图 2－188 所示)。

图 2－187

图 2－188

㉓保护人质(如图 2－189、图 2－190 所示)。

图 2－189

图 2－190

㉔交替掩护前进(如图 2－191 至图 2－193 所示)。

图 2－191

图 2－192

图 2－193

实训项目三　铁路站车盘查战术

一、实训目的

通过实训，使学生掌握在铁路站、车、线环境下盘查的战术方法，在执法勤务中能针对性的运用，提高学生依法、安全运用盘查战术的能力。

二、实训要求

教师精心准备，科学施教，严格要求；学生练习分工明确，重视安全防范，依法有效处置。

三、实训方法

讲解法、示范法、分段练习法、完整练习法、检查纠错法、评议法、案例模拟对抗训练法。

四、实训学时

4 课时（180 分钟）

五、实训场地、器材

（一）场地：铁路警务战术演练场

（二）器材：

名　称	数量	单位	用　途
多媒体设备	1	套	案例演示
单警装备	50	套	训练使用
居民身份证	25	个	训练使用
人民警察证	15	个	训练使用
便携式身份证鉴别仪	15	台	训练使用

续表

名　称	数量	单位	用　途
提包	15	个	训练使用
手套	25	副	训练使用
证据提取密封袋	10	个	训练使用
体操保护垫	8	块	训练使用
模拟旅客列车车厢	3	节	模拟场景使用

六、实训内容

(一)理论提示

1. 盘查的概念

盘查是指人民警察在执行职务过程中,依法对违法犯罪嫌疑人员进行的盘问和检查活动。

2. 盘查的法律依据

《人民警察法》第9条:为维护社会治安秩序,公安机关的人民警察对有违法犯罪嫌疑的人员,经出示相应证件,可以当场盘问、检查;经盘问、检查,有下列情形之一的,可以将其带至公安机关,经该公安机关批准,对其继续盘问:(1)被指控有犯罪行为的;(2)有现场作案嫌疑的;(3)有作案嫌疑身份不明的;(4)携带的物品有可能是赃物的。

3. 识别盘查对象

通过观察、辨认、比对三种方法判定:

(1)当事人有反常的行为和现象。

(2)当事人的反常行为和现象符合犯罪嫌疑人行为的某些特征。

(3)有公务和个人的信息举报,当事人符合信息举报的内容。

客观上有上述三点,使警察产生合理怀疑,即有嫌疑事实,进而确定为盘查对象。

4. 盘查的目的

(1)查清身份。包括:姓名、年龄、住址、工作单位、从事职业等能确认身份的基本情况。

(2)查清携带物品。包括:物品种类、数量、性质、来源、用途等。

(3)查清同行人关系。包括:亲属、朋友、同事、相识、雇佣等情况。

(4)查清其他可疑情况。包括:可疑行为、可疑神情、可疑痕迹、可疑物品、可疑迹象、可疑事件等情况。确认盘查对象是否涉嫌违法犯罪。

5. 战术基本要求

(1)安全意识

安全意识即底线思维,民警必须牢固树立安全执法意识,要把每名盘查对象预想成严重危及自身安全的暴力嫌疑人对待,时刻保持高度的警惕。同时按要求录音录像,做好举证准备。

(2)制定预案

要根据实际,制定遇袭应对预案,并反复演练,不断修正和完善。

(3)明确分工

盘查工作原则上由两名以上民警同时进行,如有条件可按3:1配置警力,避免单警盘查。民警间应合理分工,明确职责,形成默契配合,切忌打乱仗。

(4)装备齐全

民警在执行盘查任务时,必须带齐单警装备、现场执法记录仪、人民警察证。便衣民警应当携带警械、武器、人民警察证、现场执法记录仪。

应根据盘查对象的类型特点、危险系数,适度增配针对性装备,提高民警的对抗与防护能力。

(二)实训演练

1.盘查防范战术

(1)认真准备:了解交班会情况通报;协查通缉通报;推送的预警对象。带齐装备、证件。

(2)队形适当:两名警察成一字或一路队形、三名警察成一路、三角、梯形队形(如图3-1、图3-2所示)。

图3-1

图3-2

(3)识别发现:行为反常,符合犯罪分子和犯罪嫌疑人体貌、行为的某些特征。

(4)形势评估:思考我方是否有警力、装备优势,能否控制住对抗局面,需采取什么合理防范措施,风险评估不止进行一次,而应在盘查中不间断进行。

(5)选好地点:宜开敞不宜封闭,宜简单不宜复杂,宜明亮不宜黑暗,宜宽敞不宜狭窄,宜直不宜弯,宜人少不宜人多的有利的地点,开启执法录音录像仪。

(6)安全接近:正面接近、迅速出击;视野盲区接近、突然出击;伪装接近、奇袭出击。

(7)突然截停:选准时机,果断截停。

(8)协同站位:民警之间应迅速形成侧方两点、前后夹击、三角、半弧形攻防站位。职责分工明确,保持安全距离,让盘查对象背对开阔地。

(9)规范告知:敬礼,表明身份,“你好,我们是××派出所民警,现依法对你进行盘查,请你配合”。

(10)戒备姿势:负责盘问民警侧身搭手戒备,负责警戒民警扶腰带戒备。

(11)盘问

①起问→常规式→针对式→交谈式→迂回式→试探式。

②导问→调整问题→调整心态→把握主题控节奏→创条件耐心问。

③追问→点明矛盾要求解释→抓住细节逐一提问→针对疑点反复提问。

(12)证件检查

①确认人证相符。

②核对证件内容。

③判定证件真伪(如图3-3所示)。

图3-3

(13)人身检查

①对经过盘问,确认有违法犯罪行为或者嫌疑不能排除的,应当先对被盘查人依法进行人身安全检查,并进一步检查其携带物品。

②责令被检查人伸开双臂高举过头,面向墙、车等,扶墙或者扶车站立,双脚分开尽量后移,民警站于其身后并将一只脚置于其双脚中间,采用轻拍的手法迅速从被检查人的双手开始向下对衣领及身体各部位进行检查,特别注意腋下、腰部、裆部及双腿内侧等可能藏匿凶器或者武器的部位(如图3-4所示)。

图 3 – 4

(14)物品检查

①一问(物品、数量)、二看(看形状,与表述物品是否一致)、三听(异响)、四闻(异味)、五摸(物品形状、大小、重量)、六拆(看拉链头、轻解)的顺序进行。

②要求:轻开、慢拉,左手食指、中指探查,谨慎开启;自上而下顺序轻拿、轻放物品,顺序查验。

③对有声、有味的物品,应当谨慎拿取;发现毒害性、爆炸性、腐蚀性、放射性或者传染病原体等危险物质时,要疏散现场人员,设置隔离带,封锁现场,及时报告,由专业人员排除。

④无情况终止盘查,敬礼:"谢谢你的合作,"礼貌让其离去(如图 3 – 5 所示)。

图 3 – 5

2. 盘查紧急情况处置战术

(1)盘查对象辱骂抗拒执法

警告:"警察,我们正在执行公务,你的行为涉嫌阻碍公务,我现在对你口头制止,立即停止你的违法行为,否则将对你采取传唤措施。"警告无效对其采取传唤措施。

(2)盘查对象消极抗拒执法

警告:“警察,我们正在执行公务,你的推搡行为已被记录下来涉嫌阻碍公务,立即停止你的违法行为,否则将对你实施徒手制止。”警告无效对其实施徒手制止。

(3)盘查对象顽强攻击抗拒执法

民警应迅速沟通险情、及时利用空间和环境位移保持安全距离。对徒手攻击者警告:“警察,无关人员躲避,停止你的违法犯罪行为,否则我使用催泪喷射器。”警告无效,使用催泪喷射器。对持非致命物品攻击者警告:“警察,无关人员躲避,把棍放下,否则我使用警棍(催泪喷射器)。”警告无效,使用警棍(催泪喷射器)。

(4)盘查对象持刀、枪支致命攻击抗拒执法

民警应迅速沟通险情、及时利用空间和环境位移保持安全距离。占领有利位置(掩体),冷静观察,判定危及生命时间紧急,非武器不能制止,果断出枪警告:“警察,无关人员躲避,把刀放下,否则我开枪。”警告无效,则应使用武器,若来不及警告或警告后会产生更为严重的后果则直接使用武器。

(5)盘查对象突然逃跑

盘查对象突然逃跑,应快速反应,从盘查对象的身后中间快速追,使用双手加力推击,使盘查对象倒地,及时进行徒手或警械控制。

(6)发现证据的处置

发现盘查对象的违法犯罪证据时,检查民警应立即向警戒民警发出暗号,警戒民警应迅速使用警械或武器威慑,令犯罪嫌疑人身体处于不易反抗的身体姿势,然后上铐搜身。

实训项目四　铁路常规缉捕战术

一、实训目的

通过实训，使学生掌握铁路站车环境下缉捕犯罪分子或犯罪嫌疑人的基本战术，培养学生缉捕实战的应用能力。

二、实训要求

教师精心准备，科学施教，严格要求。学生令行禁止，积极思考，力度适当，防止事故。

三、实训方法

讲解法、示范法、分段练习法、完整练习法、检查纠错法、案例模拟对抗训练法。

四、实训学时

4 课时（180 分钟）

五、实训场地、器材

（一）场地：铁路警务战术演练场

（二）器材：

名　称	数量	单位	用　途
多媒体设备	1	套	案例演示
教具手枪	50	支	训练使用
手铐	25	副	训练使用
警绳	25	根	训练使用
体操保护垫	8	块	训练使用
手套	10	副	训练使用

续表

名 称	数量	单位	用 途
证据提取密封袋	10	个	训练使用
模拟旅客列车车厢	3	节	模拟场景使用
模拟室内缉捕房间	5	间	模拟场景使用

六、实训内容

(一)袭击战术

袭击战术是在警方知犯罪嫌疑人,犯罪嫌疑人不知警方的情况下,缉捕人员对犯罪嫌疑人或犯罪分子采取突然攻击、缉捕的战斗方法。

1. 战术实施条件

(1)获得全面准确的与犯罪嫌疑人相关的情报:犯罪嫌疑人的人数、手中的武器、落脚点、行踪、周围的环境、社情等。

(2)犯罪嫌疑人未察觉警方的行动意图:警方在获得犯罪情报时手段隐蔽,使缉捕对象在被缉捕之前没有针对性的戒备。

(3)有警力装备优势,能隐蔽接敌,达成战斗的突然性。

(4)警方警组之间能协同,警员之间在分工负责的前提下能互相配合。

2. 站车伪装预伏袭击

伪装预伏袭击,指在缉捕对象可能经过的站车路段或活动场所,缉捕人员伪装身份预伏或隐蔽接近,趁其不备,突然控制,以达到缉捕目的。

(1)缉捕前的准备工作

①情报收集

A. 相关案情

B. 缉捕对象的基本情况

C. 缉捕场所的基本环境

D. 缉捕场所的基本社情

E. 天气情况

②对情报的分析研断

A. 对犯罪嫌疑人情况的判断

B. 缉捕双方力量的对比判断

C. 缉捕环境条件的分析对比

D. 社情分析

E. 天气、时间的分析判断

③制定缉捕方案

A. 案情

B. 犯罪嫌疑人基本情况

C. 战术形式

a. 伪装预伏袭击

b. 分组分工

指挥组：负责现场的指挥。

缉捕组：负责接敌、袭击、抓捕缉捕对象。

警戒组：负责周围控制、防止缉捕对象逃跑，防止其同伙攻击缉捕人员。

机动组：负责应对各种变化的情况。

保障组：负责装备、通信、车辆、医疗保障。

D. 警力部署：指挥组在站车××处，缉捕组在站车××处，警戒组在站车××处，机动组在站车××处，保障组在站车××处。

E. 接敌方式：伪装身份从犯罪嫌疑人的身后视野盲区隐蔽接敌。

F. 攻击捕获：犯罪嫌疑人到预伏地点后，缉捕组人员从背后开始隐蔽接近。警组协同使用徒手控制技术，警戒组亮明身份持枪警戒，将犯罪嫌疑人控制并上铐搜身。

G. 可能变化的案情及解决对策：犯罪嫌疑人人数增加的处置；犯罪嫌疑人抗拒手段变化的处置。

④公布方案。向参与缉捕行动的警员公布方案，明确各组、各人的任务。指挥员用简洁的语言如“是否明白、有什么问题”进行确认。

⑤检查落实。对警力、装备、保障情况进行检查，消除隐患。

⑥方案演练。模拟方案演练，发现存在问题并进行改进。

(2)缉捕行动实施

①到达现场。各组秘密渗透到达设伏地点。

②接近。伪装身份隐蔽接近犯罪嫌疑人。

③控制。依据发出的行动指令或信号，各组按职责迅速协同进行袭击，控制犯罪嫌疑人。

④上铐。对犯罪嫌疑人上背铐或使用警绳快速捆绑。

⑤搜身。对犯罪嫌疑人的人身进行搜查。

⑥押解。押解到执法办案地点进行审讯。

(3)捕后处置

①报告情况。向指挥中心报告缉捕结果。

②固定证据。收集犯罪嫌疑人实施犯罪的相关证据。

③组织撤离。组织参与缉捕行动的各组清点人员，检查装备，有序撤离。

3. 入室突袭

警方隐蔽接近犯罪嫌疑人隐藏地点后，合理有效破门，在犯罪嫌疑人尚未清醒时，完成攻击捕获任务。

(1)缉捕前的准备工作

①情报收集

A. 相关案情

B. 缉捕对象的基本情况

C. 缉捕房间的结构及周边的环境

D. 缉捕场所的基本社情

E. 天气情况

②对情报分析研断

A. 对犯罪嫌疑人情况的判断

B. 缉捕双方力量的对比判断

C. 缉捕环境条件的分析对比

D. 社情分析

E. 天气、时间的分析判断

③制定缉捕方案

A. 案情情况

B. 犯罪嫌疑人基本情况

个人情况、房屋结构情况、房屋人员居住情况、周边环境情况

C. 战术形式

a. 入室突袭

b. 分组分工

指挥组:负责现场指挥和入室后的武器控制。要求指挥员靠前指挥,进入缉捕现场。

缉捕组:负责徒手控制或装备与徒手相结合控制,上铐搜身。

控制组:负责室内、外通道和制高点的控制,防止缉捕对象逃跑,并随时准备接应室内人员。

机动组:负责应付各种变化的情况,增援缉捕现场。

保障组:负责装备、通信、车辆、医疗保障。

D. 警力部署:指挥组在××处,缉捕组在房间门外××处,控制组在房间门外、窗外、道外××处,机动组在房间外××处,保障组在××处。

E. 接敌方式:强行破门后快速入室接敌。

F. 攻击捕获:现地指挥员武器控制、指令控制,缉捕组站位控制、徒手控制或装备与徒手相结合控制犯罪嫌疑人并上铐搜身。

G. 可能变化的敌情及解决对策:犯罪嫌疑人人数增加的处置;犯罪嫌疑人抗拒手段变化的处置。

④公布方案。向参与缉捕行动的人员公布方案,明确各组、各人的任务。指挥

员用简洁的语言如“是否明白、有什么问题”进行确认。

⑤检查落实。对警力、装备、保障情况进行检查,消除隐患。

⑥方案演练。模拟缉捕方案演练,发现存在问题,进行改进。

(2)入室缉捕行动的实施

①隐蔽接近现场

A.各组秘密接近预定地点。

B.控制组对房间的门、窗所有通道和制高点进行控制。

C.现地指挥员和缉捕组接近缉捕对象所在房间。

D.各组在接近时,要密切注意可能出现的意外情况,发现后要及时通报。

②开门

开门有强行开门和骗开房门两种方式。

A.接近目标房门后,如果门是打开的,不要急于进屋,要提防犯罪嫌疑人已察觉,预先设伏。可静听屋内动静,或从低处朝门里快速窥视。

B.如果门是关着的,根据门锁位置和开启方向,来选择房门外的站位。

C.骗开房门后,如果开门者就是缉捕对象本人,缉捕组应迅速上前先控其双手,将其制服。同时指挥员持枪控制房间,并表明警察身份。如开门者不是缉捕对象本人,也应先行将其控制,然后迅速入室,实施缉捕。

D.如需强行破门时,无论是用踹门、撞门都要尽量做到一次成功,切忌破门时间过长。

E.对一些特殊房门(如防盗门),如需破门时,应由专门人员用专用器材开门。

F.开门即为行动发起信号,各组应做好相应准备。

G.如果没有良好的破门条件或强行破门可能导致严重后果的,应考虑在门外设伏缉捕。

③入室

进入室内主要有交叉进入、背绕进入和一路进入三种方法。

A.通常是指挥员先冲进房间进行武器控制,指令控制,缉捕组随即跟进。

B.进入房间时,身体要放低,过程要迅速,以达到突袭作用。

C.如果房内结构复杂,各警员要保持配合,不要失去掩护。门外警戒人员可适当跟进。

④控制缉捕

控制是指指挥员武器控制和指令控制,指挥员与缉捕组、缉捕成员之间的站位控制,站位不合理易造成火力误伤。缉捕是指缉捕组成员依据犯罪嫌疑人的姿态如站立、坐姿、卧姿进行协同徒手控制或装备与徒手相配合控制。

A.进入房间后武器指向犯罪嫌疑人威慑并配合语言指令控制,如“别动!”“警察!”

B. 缉捕组迅速上前控制犯罪嫌疑人，制伏后上铐、搜身，令其自报姓名，进行身份确认。

C. 对室内所有人员要分开控制，一是防止袭警；二是防止其他人员被缉捕对象利用，沦为人质。

⑤捕后处置工作

A. 抢救伤员

B. 收集犯罪证据

C. 向指挥中心报告缉捕结果

D. 就地突审

E. 清点人员、装备

F. 组织撤离

（二）搜捕战术

搜捕战术，是指公安机关人民警察在犯罪嫌疑人可能隐匿藏身区域及场所内主动寻找发现并捕获犯罪嫌疑人的战术。

1. 车站建筑物搜捕

（1）搜捕前期工作

①情报收集

A. 建筑物的类型、结构、出入通道，人员流动数量、方向。

B. 犯罪嫌疑人的基本情况，是否持有凶器、武器和劫持人质。

②信息研判

A. 犯罪嫌疑人是否已经察觉警察的行动意图。

B. 现有警力、装备能否对建筑物实施有效地封锁和搜索。

C. 研判决定是否进入建筑物，如需进入再进行时机判断。

D. 决定是否等待警力增援或装备增援。

③组织准备

A. 制订方案：包括确定指挥员及指挥位置；警力部署、分组、分工、分任务；武器、装备；侦察、监控位置；封锁范围；推进路线、撤退路线；发现犯罪嫌疑人处置；发生人员伤亡处置；应变计划。

B. 检查落实：对警力、装备、保障情况进行检查，消除隐患。

（2）搜捕行动实施

①封锁、监控人员对搜捕的建筑物外围进行封锁。

②进入建筑物展开搜捕

A. 搜捕队形。两名警察成一字队形。三名警察的前两名成一字队形，一名跟进警戒后方。四名警察成两路队形。五名警察成一路队形（如图 4－1 所示）。

图 4－1

B. 搜捕推进

a. 楼道推进

推进方式:楼道中包括直道和拐角。对直行通道的搜索至少应有两人,通常采取相互交替掩护的方式进行推进式搜索,又称为“蛙跳式”推进搜索(如图 4－2 所示)。拐角包括“F”形、“T”形、“＋”形,警察运用立姿、跪姿高低配合结合“切角”窥视控制法进行搜索(如图 4－3 至图 4－7 所示)。

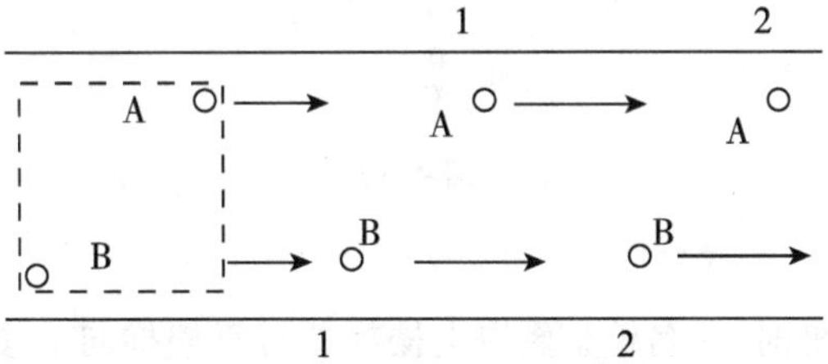

图 4－2

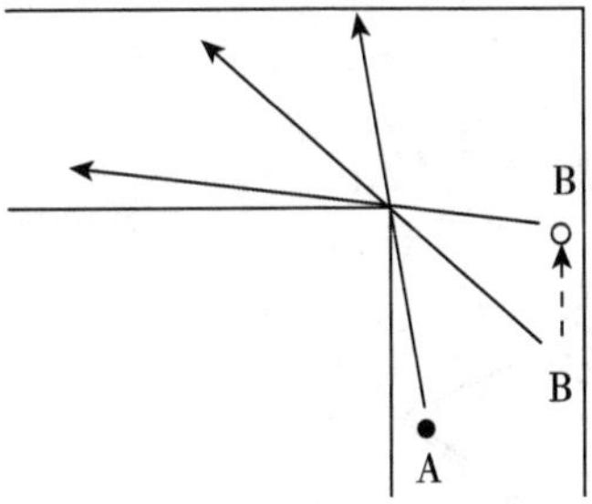

图 4－3

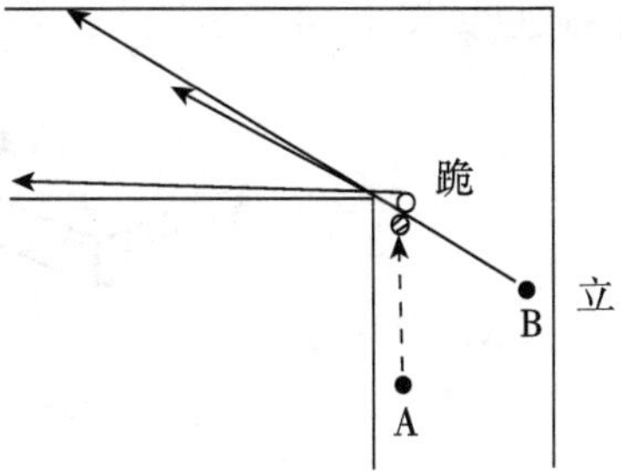

图 4－4

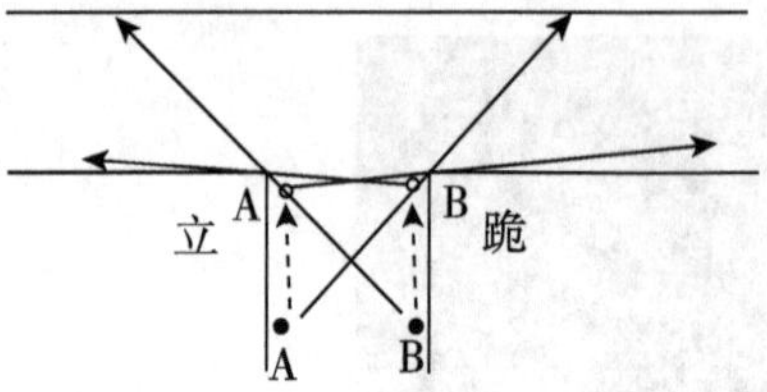

图 4-5

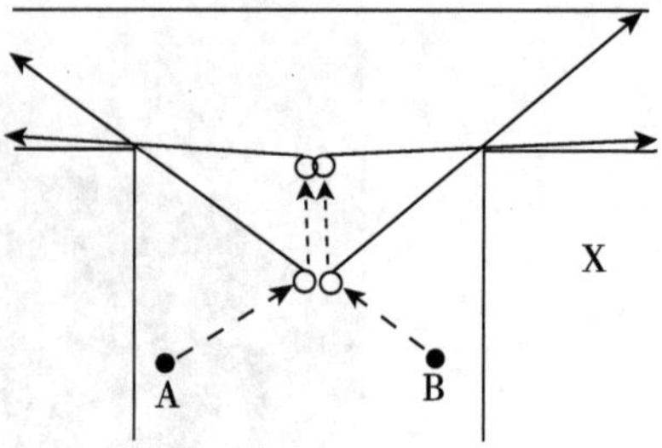

图 4-6

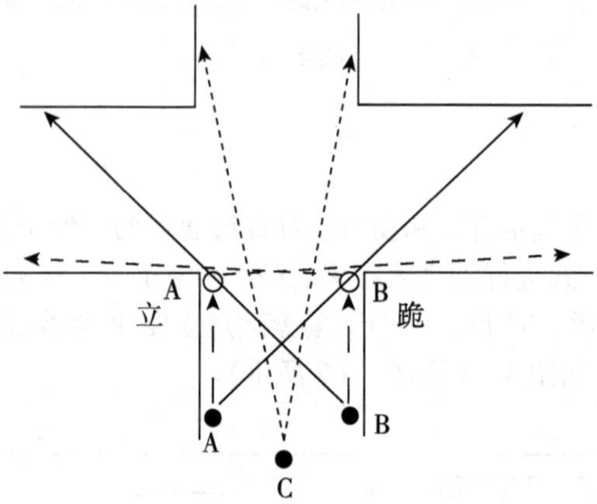

图 4-7

b. 楼梯推进

相互掩护上楼梯时，一名警察倒退上楼梯或背靠楼梯向上缓慢移动，枪口应始终瞄准上方，当枪口能控制上方危险区域时，其他警察低姿推进至合适的地点；如果是木质楼梯，应踩在楼梯的两侧。下楼梯时要先利用墙角快速窥视或切角，交替向下推进（如图 4-8 所示）。

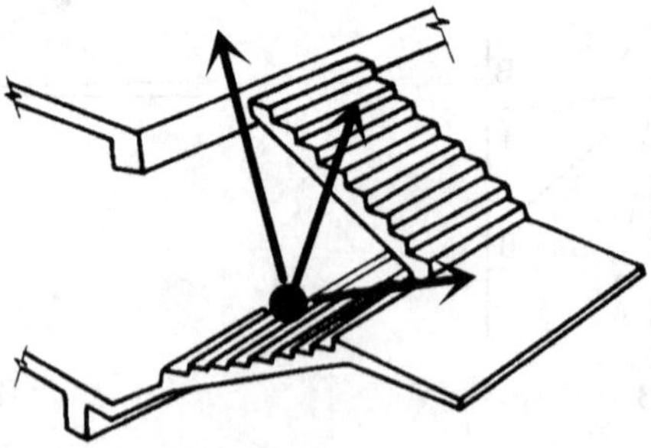

图 4-8

c. 房间进入

交叉进门：位于门两边的民警采用前低后高的姿势，按照一先一后的顺序，交叉进入房门两侧的位置（如图 4－9 所示）。

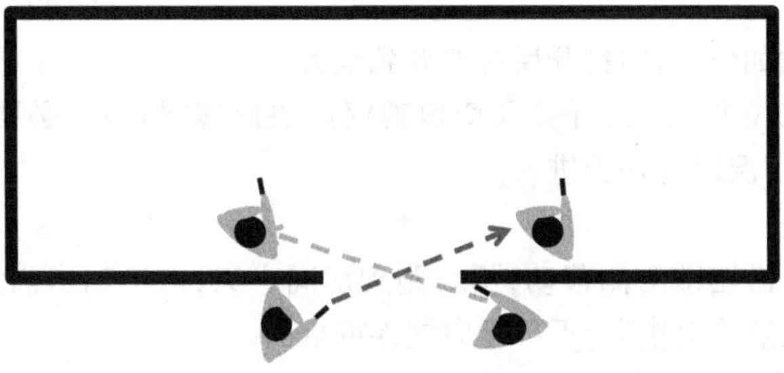

图 4－9

背绕进门：门两边的民警同时绕过就近的门框进入房间。此种方法适用于门较宽，房内有其他民警掩护时采用（如图 4－10 所示）。

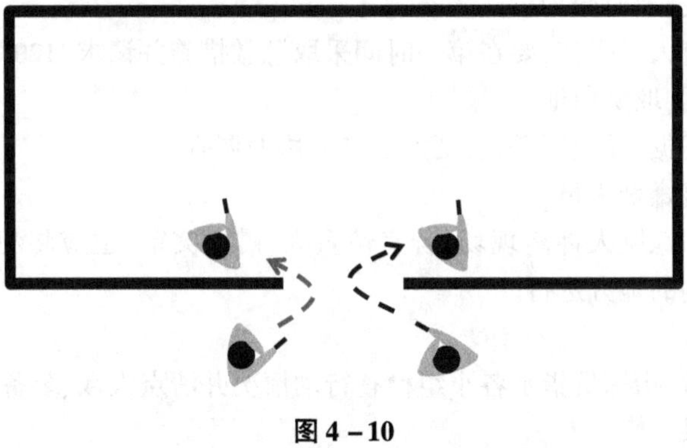

图 4－10

直线、背绕入门：背绕位于门边的民警采用前低后高的姿势，按照一先一后的顺序，采取直线、背绕进入房间的预定位置（如图 4－11 所示）。

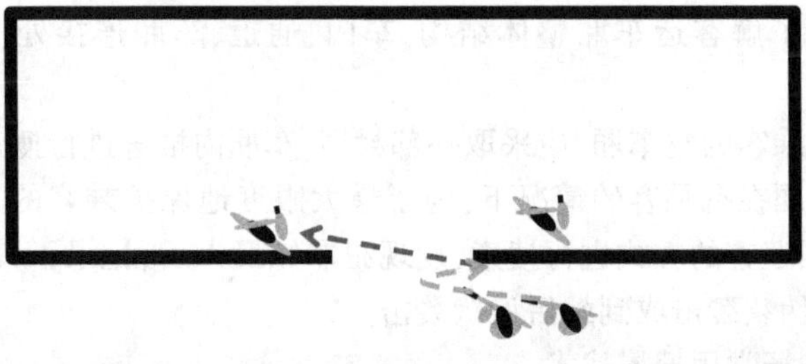

图 4－11

d. 房门进入注意事项

警察应该位于靠近门的两侧，切勿站在门前；

开门时要注意保护武器，可将枪收于腹前或腰间，采取腹前戒备或腰间戒备，枪口朝房门；

无论门结构如何，房门打开后都要开到最大；

门开后不应立即进入，可采取切角观察或快速窥视观察，必要时使用镜子观察，然后再根据情况决定是否进入。

e. 室内推进

进入室内后沿墙壁两侧移动，不要跑到房间中央，枪口朝房内危险区域，排除死角和危险。注意枪口指向，不可指向同伴或自己。

f. 发现犯罪嫌疑人的控制

命令嫌疑人员高举双手，背对持枪控制的警察，慢慢移动到安全区蹲下或者坐下。警组配合对嫌疑人员进行上铐、搜身控制。

(3) 搜捕后的工作

①保护现场，及时救护

如果现场有人员受伤，要在第一时间采取急救措施并请求"120"救助。

②搜集证据，取赃留证

注意搜集证据，并甄别登记，证人要带回协助调查。

③合理处置嫌疑人员

立即将犯罪嫌疑人押离现场，若案情重大，需要突审，也应将犯罪嫌疑人带到安全或者可控制的地方进行。

④清点检查

行动结束后，指挥员指示各小组检查行动情况并清点人数、装备。

⑤汇报战果

案件情况、嫌疑人情况、双方伤亡情况、需要援助情况。

⑥组织撤离

2. 对客运列车的搜捕注意事项

(1) 搜捕前了解客运车厢整体结构，车门、通道、车厢连接处、洗漱间等位置信息。

(2) 对于无乘客的空车厢，应采取外部封锁，车厢内推进进行搜索。

(3) 客运车厢在有乘客的情况下，为了最大限度地保护乘客的人身安全，民警伪装身份以车厢巡查的方式进行搜索，发现犯罪嫌疑人后，记录下其所在的车厢及位置，然后对其伪装袭击或到站后设伏袭击。

3. 对货运站场常用搜捕战术

①向心式搜捕。警力充足时使用，派出警力对货运站场搜捕区域形成围控态

势,并派出警力控制货运场站制高点,重点要害部门(部位)实施由外向内向心式推进搜捕。

②选点式搜捕。警力不足时使用,先派出警力控制货运场站制高点,重点要害部门(部位),根据货运站场搜捕的区域,分析犯罪嫌疑人可能隐藏的位置和地点,进行有选择性的重点搜捕。

③分片式搜捕。将搜捕货运站场区域划分为若干区段,先派出警力控制搜捕区域制高点、重点要害部门(部位)、外围要点和各通道、出口及区段的结合点,并根据地形编成若干战斗警组,划片包干,逐片、逐段实施搜捕。

④夹板式搜索。货运站场地幅狭长时可采用,先派出警力控制货运场站制高点,重点要害部门(部位),派出警力对搜捕区域外围实施控制,并对搜捕范围进行监控,组织警力从两端分别同步相向进行搜捕。如果搜捕警力不足,也可以调集优势警力从一端实施平推搜捕,并同时组织部分警力在另一端利用地形隐蔽设伏,以搜伏结合的方法实施搜捕。

实训项目五　铁路环境下的枪战战术

一、实训目的

通过实训,使学生掌握不同情况下与犯罪嫌疑人的枪战战术,有效地控制和缉捕持枪(凶器)犯罪嫌疑人。

二、实训要求

教师精心准备,科学施教,严格要求。学生令行禁止,积极思考,敌情观念,以练促战,注意安全。

三、实训方法

讲解法、示范法、分段练习法、完整练习法、检查纠错法、案例模拟对抗训练法。

四、实训学时

4 课时(180 分钟)

五、实训场地、器材

(一)场地:铁路警务战术演练场

(二)器材:

名　称	数量	单位	用　途
多媒体设备	1	套	案例演示
单警腰带	50	根	训练使用
教具手枪	50	支	训练使用
彩弹手枪	20	支	训练使用
彩弹	300	发	训练使用
采弹保护套装	20	套	训练使用

续表

名　称	数量	单位	用　途
手铐	20	副	训练使用
警绳	20	根	训练使用
手套	10	副	训练使用
证据提取密封袋	10	个	训练使用
模拟旅客列车车厢	3	节	模拟场景使用

六、实训内容

(一)手枪近距离快速射击技术

1. 要求:绝对快,即判明快、持握快、出枪快、上膛快、瞄准快、击发快。相对准,即击中犯罪嫌疑人的身体部位即可。

2. 操作:判明先(戒备)→握拔戳(出枪)→等拉脱(上膛)→顶搓指(持握)→大力握(据枪)→水平推(方向)→指向瞄(概略)→快匀扣(击发)→先评估(效果)→再观察(安全)→关保险→枪入套(如图5-1至图5-12所示)。

图5-1

图5-2

图5-3

图5-4

图5-5

图5-6

图 5 – 7

图 5 – 8

图 5 – 9

图 5 – 10

图 5 – 11

图 5 – 12

3. 快速射击：

(1)单目标单击。近距离面对目标，快速出枪，射击一发子弹。

(2)单目标双连击。近距离面对目标，快速出枪，连续射击两发子弹。快扣快松扳机，每次连续扣动两次。

(3)双目标快速射击。近距离面对目标，快速出枪，先连续射击高危目标，后连续射击低危目标。上身姿势不变，依靠腰部转动或步伐移动，带动枪支指向，完成对双目标依次连续射击(如图 5 – 13 所示)。

图 5 – 13

(4)快速推进射击。快速推进过程中，单击或连续射击。推进要平稳，应根据目标出现的不同方向变换身法和射击姿势快速射击，视情持枪戒备。向前推进射击，如图 5 - 14 至图 5 - 17 所示；向左侧目标推进射击，如图 5 - 18 至图 5 - 21 所示；向右侧目标推进射击，如图 5 - 22 至图 5 - 24 所示；移动中变换姿势射击，如图 5 - 25 至图5 - 33 所示。

图 5 - 14

图 5 - 15

图 5 - 16

图 5 - 17

图 5 - 18

图 5 - 19

图 5 - 20

图 5 - 21

图 5 - 22

图 5 - 23

图 5－24

图 5－25

图 5－26

图 5－27

图 5－28

图 5－29

图 5－30

图 5－31

图 5－32

图 5－33

(5)快速退防射击。暴力犯罪嫌疑人快速逼近,民警快速退防过程中连续射击。重心要降低,退防平稳,视情持枪戒备。方法一:如图 5－34 至图 5－38 所示。方法二:如图 5－39 至图5－41 所示。

图 5－34

图 5－35

图 5－36

图 5－37

图 5－38

图 5 - 39

图 5 - 40

图 5 - 41

(二)近距离情况下单警手枪战法

1. 极近距离战法

(1)民警在面对持械暴力犯罪嫌疑人贴近突然致命袭击时,边单臂档格防护边射击。尽量贴靠犯罪嫌疑人,缩小其挥动凶器的空间(如图 5 - 42 所示)。

图 5 - 42

(2)民警在面对持械暴力犯罪嫌疑人贴近突然致命袭击时,前臂档格推击防护,在后向、侧向跑动中完成出枪指向射击(如图5-43至图5-45所示)。

图5-43

图5-44

图5-45

2. 近距离战法

(1)民警在近距离面对暴力犯罪嫌疑人致命突然袭击时,迅速跃进占领掩体,快速出枪指向射击(如图5-46至图5-48所示)。

图5-46

图5-47

图5-48

(2)民警在近距离面对暴力犯罪嫌疑人致命突然袭击时,应主动采取横向位移拉开距离的方法,在侧向跑动中完成指向射击(如图5-49至图5-51所示)。

图5-49

图5-50

图5-51

3.密集人群战法

(1)在车站人员密集的环境下,突遭暴力犯罪嫌疑人致命突然袭击时,民警迅速安全穿越密集人流,延长瞄准基线或及时调整角度射击(如图5-52至图5-54所示)。

图5-52

图5-53

图5-54

(2)在列车空间狭窄、人员密集环境下突遭暴力犯罪嫌疑人致命突然袭击时,采用俯角、仰角或延长瞄准基线射击(如图5-55、图5-56所示)。

图5-55

图5-56

(三)暗弱光线情况下单警手枪战法

暗弱光线环境通常指自然照明条件不足、严重影响人们视觉的特定环境,通常把光照度在50流明以下称为暗弱光线环境,其产生原因一般包括两个方面:特殊时间(夜间环境)和特殊空间(如隧道、洞穴、建筑物内缺乏充分照明的部位等)。所以,我们不能片面认为暗弱光线环境仅仅是夜间环境,白天执法过程中同样会遭遇大量的此类环境。在铁路货场、线路、涵洞、站台、列车、通道、房间的环境中都存在光线可能太微弱的情况,以至于民警无法迅速地发现危险的征兆。因此民警要学会安全地使用手电筒的方法,善于巧妙地使用手电筒控制好灯光,使其有利于自己而不利于违法犯罪嫌疑人,为民警的战术行动创造有利的条件。

1. 手电筒的佩戴、提取、回放(如图5-57、图5-58所示)

正面

侧面

图5-57

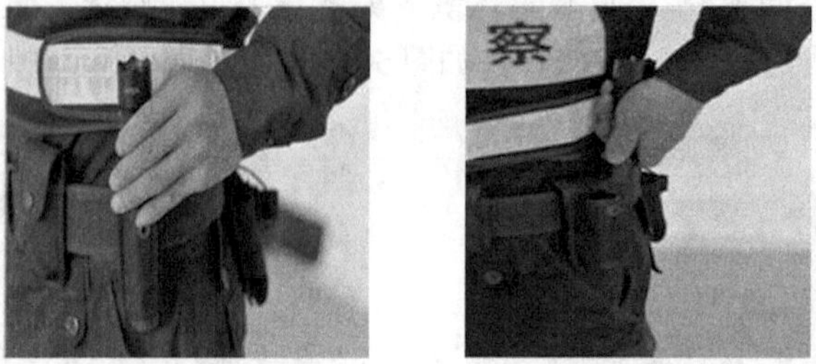

正手提取和回放手法　　反手提取和回放手法

图 5－58

2. 手电筒的握持方法

(1)常规下握持方法(如图 5－59 所示)。

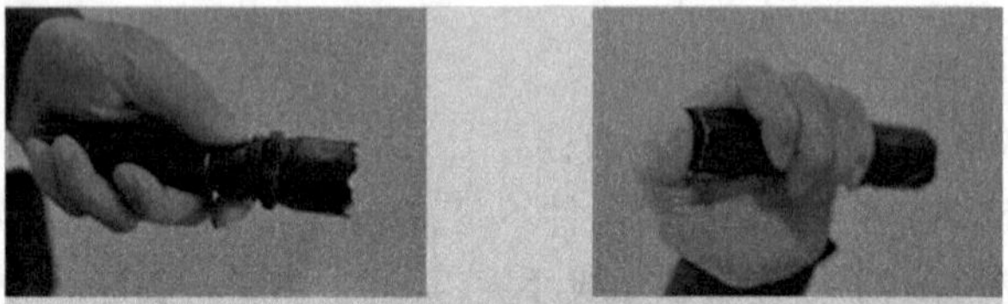

正握　　反握

图 5－59

(2)手电筒与手枪配合技巧(如图 5－60 所示)。

正握（手腕靠拢式）　　正握（手腕交叠式）　　反握（手腕交叠式）

图 5－60

3. 暗弱光线环境手枪射击战法

(1)静态射击:出枪上膛→取手电筒→手枪和手电筒结合→亮→灭→亮→射击→灭。

(2)动态射击:出枪上膛→取手电筒→手枪和手电筒结合→亮→灭→向左(或右)横跨位移→亮→射击→灭→向左(或右)横跨位移。

4. 暗弱环境移动要点

(1)使用电筒时应注意,照射玻璃、镜子等反射物易反光而暴露自身;反之,也可以利用玻璃、镜子等反射物的反光来寻找目标。

（2）进入黑暗的建筑内，可采用电筒照射墙壁、屋顶等，应最大限度地观察周边的环境。电筒照射墙壁、屋顶等处是借助墙壁、屋顶等处对周边的反光使之扩大了照亮面积能看清周边。

（3）关注光线的来源。

①警察切勿站在灯光处观察周边，应尽量站在灯光后或光线暗处观察周边。

②警察切勿站在同伴电筒光线前面，前方有同伴，后方的警察应谨慎使用电筒。

③警察切勿从光线强处直接走进光线暗处，应先改变环境光线。

④警察使用电筒光线，要使自己的身体处于一个安全的位置。

（四）被动情况下的警组枪战战术

1. 突然遭遇持刀犯罪嫌疑人致命袭击

（1）沟通。最先发现的民警发出危险警告，告知队友及周边群众，言简意赅。

（2）分散。快速散开，呈平行队形或半弧形。

（3）射击。警告无效，迅速出枪成交叉火力向目标射击。

（4）控制。目标被击中后，先进行效果评估，确认安全后，在队友的控制下，一名民警持枪戒备，另一名民警从犯罪嫌疑人视野的盲区接近，人刀分离后，将其上铐控制，进行彻底搜身。

2. 突然遭遇持枪犯罪嫌疑人致命袭击

（1）沟通配合：最先发现的民警发出危险警告，告知队友及周边群众，言简意赅。

（2）隐蔽配合：迅速占领掩体或卧到，同时快速出枪，确认是否需要警告，如来不及警告，向犯罪嫌疑人射击。

（3）分散配合：趁犯罪嫌疑人火力被我压制的瞬间，迅速向两侧位移（如图 5－61 所示）。

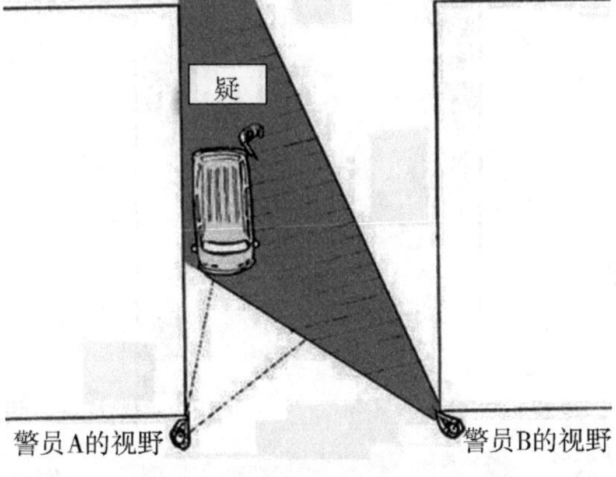

图 5－61

(4)位置配合:迅速占领两侧的有利地形和掩体形成交叉火力(如图5-62所示)。

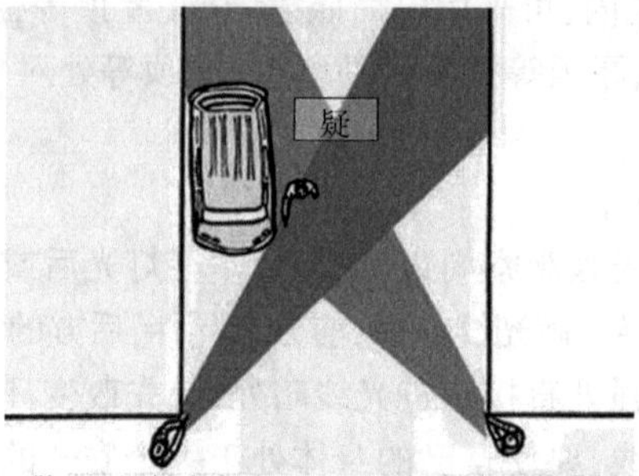

图5-62

(5)火力配合:枪战中,民警应做到人员分散、火力集中。民警应密切协同,以不间断的火力相互支援、相互掩护,最大限度地发扬火力优势。

(6)推进与撤离配合

①推进。发生枪战时,民警在有火力掩护的情况下交替向前推进(如图5-63、图5-64所示)。

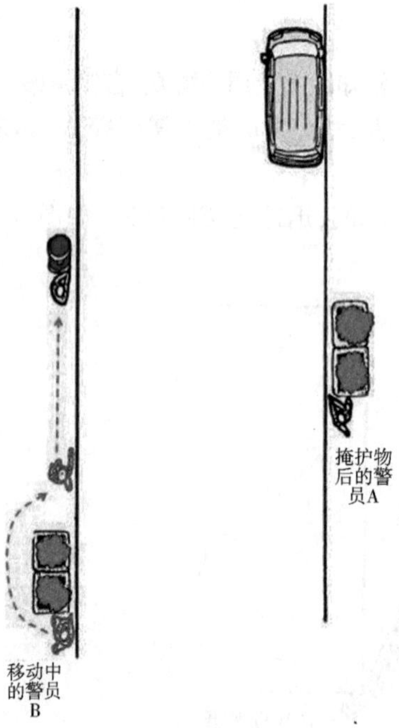

图5-63

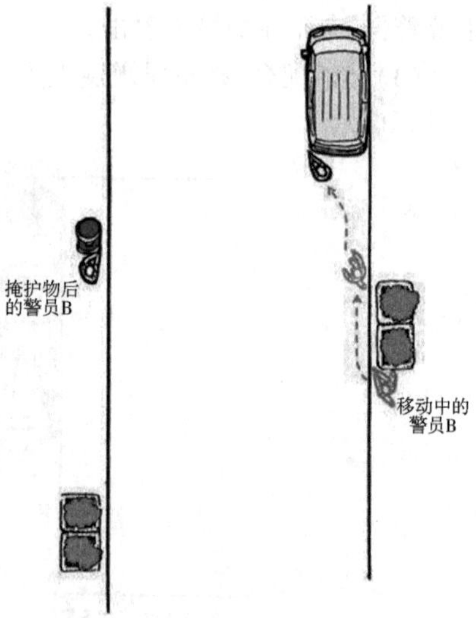

图5-64

②迂回。当犯罪嫌疑人被我火力压制在一固定地点时，一位民警火力压制掩护，另一民警利用地形地物隐蔽跃进迂回至犯罪嫌疑人逃跑路线的侧后方，向犯罪嫌疑人侧向射击，将其击伤或击毙。

③撤离。

A. 主动撤离火力区。

如果犯罪嫌疑人手中有人质，其火力有明显优势，现场有危险物品等情况时。主动交替掩护撤离火力区。撤离目的是避开对方的火力，占领新的能够观察、遏制犯罪嫌疑人的位置。迅速上报情况，等待支援。

B. 撤离受伤民警。

a. 民警被犯罪嫌疑人击中受伤，队友应以火力压制犯罪嫌疑人。受伤民警迅速移动到掩护物后进行战伤自救。

b. 民警被犯罪嫌疑人击中受伤，队友应以火力压制犯罪嫌疑人。在安全的条件下，移动到受伤民警身边，把他拖拉到掩护物后面。并随时观察犯罪嫌疑人的位置和举动，持枪警戒，请求支援。

c. 3 人以上警组，民警被犯罪嫌疑人击中受伤，队友应以火力压制犯罪嫌疑人。一名民警迅速移动到受伤民警身边，把他拖拉到掩护物后面。用交替掩护撤离的方式将负伤民警救出，并请求增援。

（7）控制

①枪战中，当持枪犯罪嫌疑人被迫停止其犯罪行为时，民警应停止射击，仍要隐蔽在掩体后面，命令犯罪嫌疑人将枪及其他凶器放到民警能够看得见的空旷地。举起双手，离开枪支及凶器，走到空旷地，将衣服撩起，待看清其手中和腰部、腿部没有凶器时，令其举起双手坐下，民警在有掩护的情况下，上前搜身，将其缉捕。

②枪战中，犯罪嫌疑人被击中倒地以后。对其语言控制，令其人枪分离，身体呈卧姿，两手伸开，掌心向上。然后，在队友的火力控制下，一名民警从犯罪嫌疑人视野的盲区接近，靠近犯罪嫌疑人身边时，停顿一下观察犯罪嫌疑人的动态。确认安全，迅速将其卧姿上铐，进行彻底搜身。

（8）战后处置

①迅速对受伤人员采取临时救治措施，并根据需要立即通知急救中心进行抢救。

②保护现场，寻找相关证人和物证、书证，防止证据灭失。

③立即向所属公安机关口头报告。报告内容包括公安民警身份、目前所处位置、采取处置措施情况、人员伤亡情况、现场情况、联系方式；异地采取处置措施的，应当同时向现场所在地公安机关口头报告。

④提交武器使用的书面报告。

实训项目六　对铁路持爆炸物犯罪嫌疑人的缉捕战术

一、实训目的

通过实训，使学生了解常见爆炸物的检查和处置方法，掌握对铁路站车持爆炸物犯罪嫌疑人的缉捕战术。

二、实训要求

教师精心准备，科学施教，严格要求。学生令行禁止，高危思维，规范操作，注重安全。

三、实训方法

讲解法、示范法、分段练习法、完整练习法、检查纠错法、案例模拟对抗训练法。

四、实训学时

4 课时（180 分钟）

五、实训场地、器材

（一）场地：铁路警务战术演练场

（二）器材：

名　称	数量	单位	用　途
多媒体设备	1	套	案例演示
单警装备	50	套	训练使用
常见炸药	3	类	训练使用
常见的点火、起爆器材	5	种	训练使用
常见爆炸装置	6	类	训练使用

续表

名　称	数量	单位	用　途
排爆服	2	套	训练使用
排爆杆	2	根	训练使用
防爆毯	1	套	训练使用
防爆罐	1	台	训练使用
狙击步枪	2	支	训练使用
模拟旅客列车车厢	3	节	模拟场景使用

六、实训内容

(一)爆炸案件的类型、爆炸物的检查、前期处置方法

爆炸案件是指采用炸药、易燃易爆物(气)体引发爆炸的极端暴力手段,对党政机关、公共场所等重要场所和设施以及私人住宅,进行袭击的活动。

1. 铁路爆炸案件的主要类型

爆炸案件的类型较多,从铁路公安机关已破获的爆炸案件来看,主要有三种类型,匿名威胁爆炸案件、持爆炸物扬言爆炸案件、已发生的爆炸案件,这三种类型案件存在有其共性之处,大部分案件具有一定的因果关系。

(1)匿名威胁爆炸案件。犯罪嫌疑人往往利用电话、传真、信件、E－mail 等手段威胁某一单位、场所或个人,为达到其个人目的的匿名威胁爆炸案件。

(2)持爆炸物扬言爆炸案件。犯罪嫌疑人一般就在犯罪现场持爆炸物相威胁,进行抢劫、敲诈、劫持人质或实施报复社会的恐怖破坏活动。

(3)已经发生爆炸的案件。此类案件只有犯罪现场,犯罪嫌疑人有可能逃离现场,也有可能被当场炸死、炸伤于现场。在铁路站车上发生爆炸案件会造成严重的社会负面影响,会给旅客及周围群众带来一定的恐惧心理。

2. 对站车爆炸物的检查

爆炸物的检查是一项难度极大,非常细致的工作,尽可能地利用先进的科技设备,以更好地保障检查的质量与效率。

(1)人工检查。对疑似爆炸物借助眼、耳、手、鼻等感觉器官结合简单工具进行检查。

①“看”。是用观察的方法来识别可疑物品和可疑部位有无暗藏的爆炸物,检查有无可疑征兆或改动痕迹。对密封的物品,可先从物品的侧面开洞检查。

②“摸”。是通过手的触摸感觉来判断可疑物品和可疑部位内有无暗藏的爆炸物。当用手不能触及内部时,也可借助工具穿刺的感觉来辅助检查。但这种方法很危险,没有把握不可轻易使用。

③“闻”。是通过嗅觉来判断可疑物品内有无炸药等危险品,判别是否存在异

常气味。大多数炸药都能挥发出特殊气味，可凭嗅觉辨别。如 TNT 和铵梯炸药有苦味；含有硝酸化甘油的胶质炸药和发射药有甜味；可塑性炸药有苦杏仁味；带有化学腐蚀发火的爆炸装置，有时能闻到强烈的酸味。

④“听”。是通过发出的响声来判断有无爆炸物。暗藏有爆炸物的物品，通常发出异常响声，装有钟表定时装置的爆炸物会发出钟表走动声；而滴水延时爆炸物则能听到滴水声。

⑤“称”。是通过对可疑物品和原装物品重量的比较来判断有无爆炸物。这种方法主要用来检查定量包装的物品。暗藏有爆炸物的物品与原装物品的重量有明显不同，通常较重。

（2）技术检查。对站车爆炸物的检查使用的技术器材品种繁多，涉及物理、化学、机械、电子、生物等技术领域。

①搜爆犬是用生物方法搜查爆炸物的得力助手。犬嗅觉灵敏，反应快捷，能完成人不可能到达的狭小区域和危险区域的搜查（如图 6－1 所示）。

图 6－1

②化学显色法是检测炸药传统的、行之有效的方法，在一些发达国家仍把化学喷显法作为重要的技术手段在使用。近年发展起来的用分子印迹—荧光共轭聚合物作传感材料的痕量炸药探测器，具有灵敏度高、检测速度快、预热时间短、体积重量小特征（如图 6－2 所示）。

SIM06－Ⅰ型　　SIM06－Ⅱ型　　SIM07－Ⅰ型

图 6－2

③声音探测电子听音器。国际上许多国家警察把它作为爆炸物探测手段之一,电子听音器可以很清晰地听到机械定时引爆装置指针走动的声音,对电子表做定时的引爆装置。在安静的环境下,也可探测出石英震荡的声音,可以用电子听音器的接触式探头,也可以用非接触式探头探测爆炸物(如图 6 – 3 所示)。

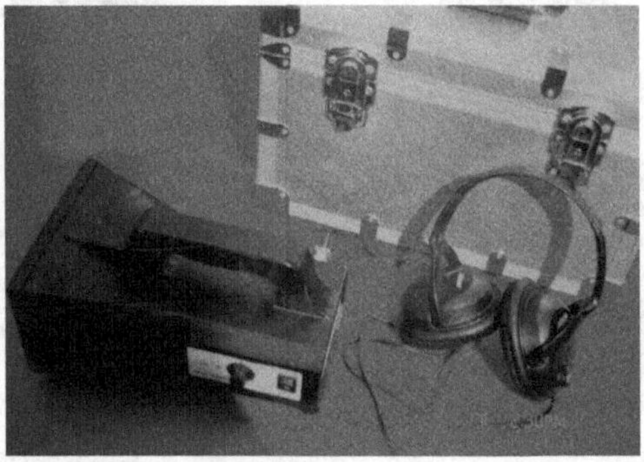

图 6 – 3

④磁力探测。目前应用最广的探测技术之一,磁力探测虽然只能探测金属物品,灵敏度很高,能把少量的金属找出来,大多数爆炸装置里有些金属部件,用它做成的不同类别的仪器可探测地下埋藏的爆炸装置,可探测邮件内的金属物品,可探测人身上携带的金属物品(如图 6 – 4 所示)。

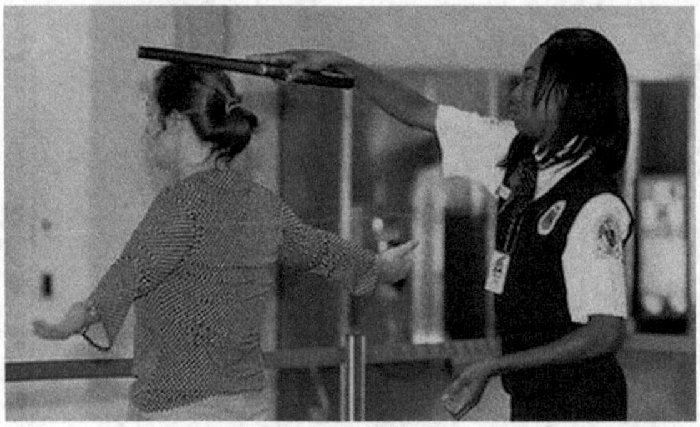

图 6 – 4

⑤炸药的直接探测。近年来使用的离子迁移式炸药探测器,结构有便携式(如图 6 – 5 所示)、门式(如图 6 – 6 所示)、远距离炸药探测器(如图 6 – 7 所示),利用分子共振、人体静电、超低频率传播可探测 50 ~ 100 米处的不同品种的炸药。

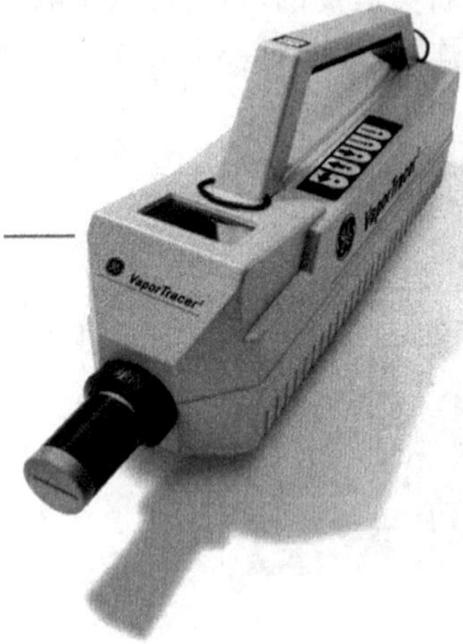

图 6 – 5

图 6 – 6

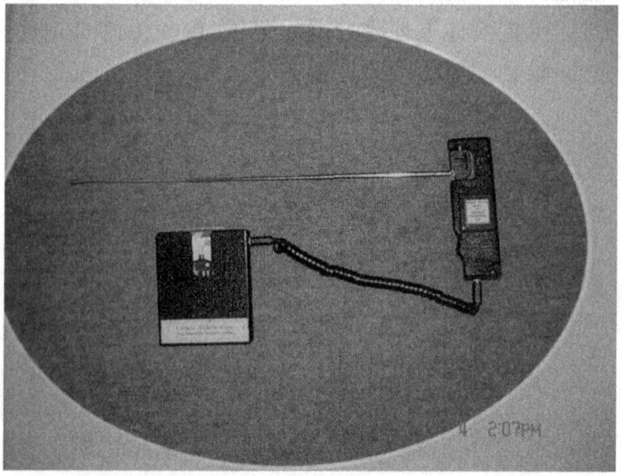

图 6 – 7

⑥非线性节点探测器。可检查电子起爆装置中的半导体元件和金属，同时接收二次三次谐波信号，可发现几十公分混凝土中藏有电子起爆装置（如图 6 – 8、图 6 – 9所示）。

图 6 -8

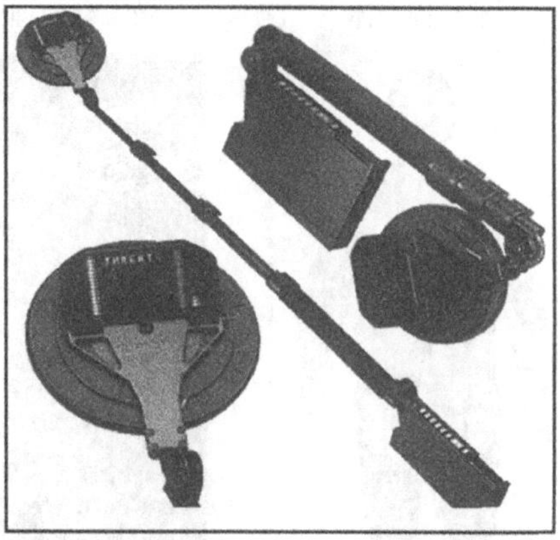

图 6 -9

⑦X 射线探测仪器。应用范围广、使用效果好的探测技术，目前已从初期的透射式 X 射线发展到透射式 X 射线，背散射 X 射线、CTX 射线、衍射 X 射线多种仪器的混合使用状态，可以检查物体的形状，有的仪器还可以检查被查物的成分。除 X 射线外，γ 射线也在安检中使用，中子射线用来检查炸药效果较好，近年又出现用 T 射线（太赫兹）和毫米波来进行安检，用激光拉曼光谱检查液体危险品效果较好，用核四极矩共振技术制作的安检设备已开始使用。背散射 X 射线检测仪（如图 6 -10、图 6 -11 所示）。

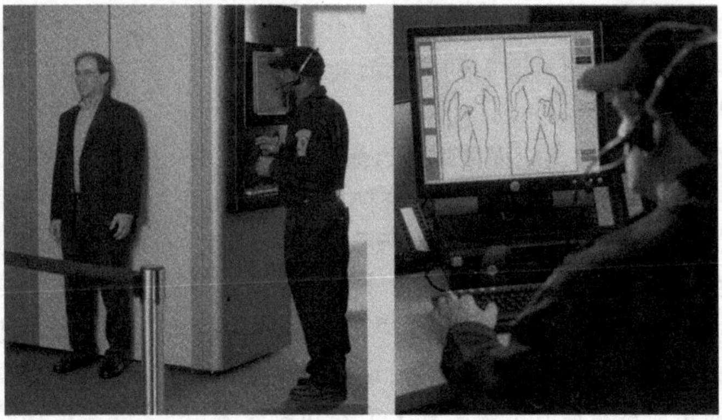

图 6 -10

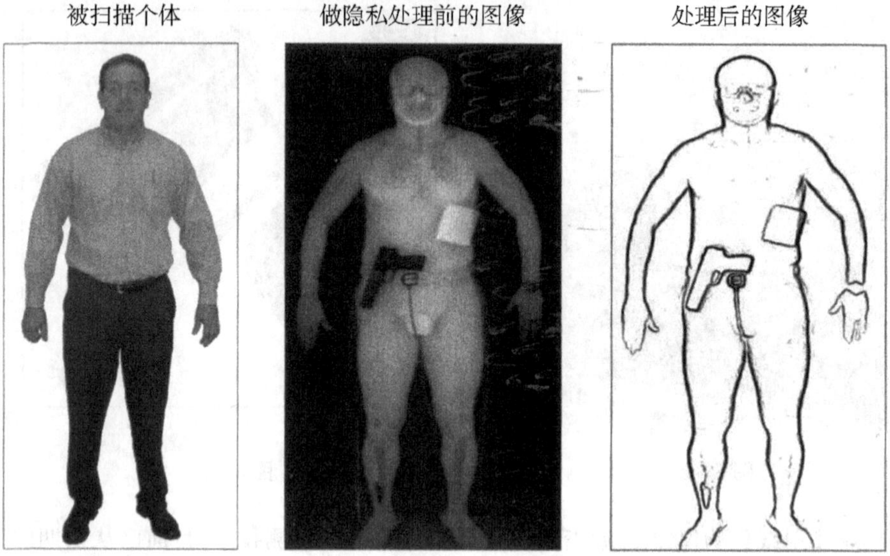

图 6－11

3. 对车站发现爆炸物的前期处置

在车站发现爆炸物或疑似爆炸物后,应以确保人员安全为原则,及时疏散旅客至安全地点,应用前期处置爆炸物的措施,避免产生严重危害后果。

(1)防爆毯覆盖法

由一名民警察穿戴好排爆服后接近爆炸物,用防爆围栏围住爆炸物,再由两名民警分别扯住防爆毯四角,覆盖在爆炸物上。应注意防爆毯的作用是泄压,减弱爆炸冲击波,将防爆毯虚盖在爆炸物上,不可用力压实,避免因用力触碰引发意外爆炸,防爆毯一旦被撕裂,已被吸附的弹片就会继续向四周飞散造成伤害。

(2)投入防爆罐法

民警穿戴好排爆服后,应谨慎地接近爆炸可疑物,使用排爆杆平稳地将爆炸物提起,轻放在防爆罐内,然后盖上盖。在防爆罐上一般都配有拉环和绳索,可以在可疑物被投入罐内后使用绳索将罐拖行到适当的地点,要平稳地搬拿爆炸物。应注意防爆罐的设计抗爆能力,只有当估计爆炸物内的炸药量小于防爆罐的设计抗爆能力时,才能将其投入防爆罐内,如果爆炸的威力远大于防爆罐的设计抗爆能力,则罐体可能被冲击波胀裂甚至撕碎,形成更多的破片,造成更为严重的后果,在放置防爆罐时也应尽量使其上端距离上方建筑物 3 米以上,保留足够的泄压距离,避免导向上方的冲击波破坏建筑物。

(3)替代措施处置法

当发现爆炸物时,现场没有任何应急处置器材和工具,无法采取防爆毯覆盖法、投入防爆罐法应急处置措施时，一般不要触动爆炸物。应疏散旅客后，将爆炸物周围的钢铁硬物、玻璃片等较硬的东西移走。如在候车室、售票室等室内发现了爆炸物，应将门窗打开，移走爆炸物周围的柜、桌子等阻挡物，以利于发生爆炸时爆炸冲击波的泄散。如在行李房内有易燃物品、剧毒物等，应尽快将其移走。如有可能切断现场的电路、燃气管道等，防止发生爆炸，形成大火或泄漏有毒气体等。

（二）对站车内隐秘发现持爆炸物的犯罪嫌疑人的缉捕战术

1. 对携带的拉发式、松发式、电点火爆炸物犯罪嫌疑人的常用缉捕战术

（1）虚张声势，促其下车（离站）

在铁路站车环境中发生的爆炸案件，犯罪分子常把爆炸装置装在提包、行李箱等包装物中，对于包内携带拉发式、松发式、电发火装置爆炸物的，尽可能不要在站车的环境内处置。在对犯罪嫌疑人严密监控下，通过铁路客运工作人员发布虚假信息，如要进行“三品”检查。使犯罪嫌疑人不敢在站车的环境下久留，促其尽快下车或离站，而我方人员伪装跟踪监控，在非公共场所、人员稀少的合适地点，找准合适时机，伪装袭击，将犯罪嫌疑人捕获。

（2）跟踪控制，择地袭击

不在站车环境下处置。只派出伪装跟踪人员进行监控，犯罪嫌疑人离车离站后，在犯罪嫌疑人的必经之路设伏袭击抓捕，或引诱犯罪嫌疑人与爆炸物脱离后袭击。也可在其藏身落脚处设伏袭击。

2. 对在行李中携带普通爆炸装置（与火源分离）的犯罪嫌疑人缉捕战术

（1）警力增援，伪装袭击

迅速添乘警力，伪装成旅客，隐蔽接近。缉捕人员至少四人以上，现场警戒一人。两警负责控制犯罪嫌疑人的双手，一警根据犯罪嫌疑人的站坐躺姿势，将其摔倒或协助其他两警将其压服。徒手控制动作要迅猛，三人之间要协同，一招制敌，以保证安全。

（2）伪装旅客，到站袭击

缉捕人员至少四人以上，化装成旅客，在犯罪嫌疑人下车的车门口设伏。在车门两边守候，与跟踪的警察确认后，在其下车的一瞬间，迅猛出击，分工明确，互相协同，一招制敌，将犯罪嫌疑人缉捕。

（3）制造借口，设伏袭击

化装成铁路工作人员查票，认定其为假票。或故意与犯罪嫌疑人发生纠纷，要求其去餐车或值班室解决。在餐车或值班室设伏袭击，将犯罪嫌疑人捕获。

（4）时机准确，迅猛袭击

在车上选准犯罪嫌疑人上厕所、去车厢连接处吸烟、去餐车吃饭、去睡觉（在站内也可）等与爆炸物脱离及有较长反应时间的有利时机，伪装迅猛袭击，将犯罪嫌疑人捕获。

(5)转移注意力、突然袭击

通过问事、借火、送书、在相邻的车厢或车站犯罪嫌疑人的附近制造事端,吸引或转移犯罪嫌疑人的注意力。缉捕的警察从犯罪嫌疑人的背后发起突然袭击,将犯罪嫌疑人捕获。

(三)对站车内公开持爆炸物犯罪嫌疑人的处置战术

1. 对站车内发现持爆炸物犯罪嫌疑人的先期处置

(1)在铁路车站发现持爆炸物犯罪嫌疑人的先期处置

站车防爆工作的重点在车下,必须堵死爆炸物进站上车的渠道,真正做到以站保车。在车站发生犯罪嫌疑人公开持爆炸物犯罪后,当值民警迅速向指挥中心报告情况,由指挥机关按照处置预案,以最快的速度向案发地派出增援处置的警力,先期到达的警察(最好伪装成铁路客运人员)首先应以最快的速度疏散旅客,使旅客的距离在爆炸物的威胁之外,并维持住这个距离,给使用战术手段创造良好的条件。

(2)在旅客列车上发现公开持爆炸物犯罪嫌疑人的先期处置

在客运列车上发生犯罪嫌疑人公开持爆炸物犯罪后,当值乘警首先应向指挥中心报告,请上级指挥机关向铁路客运调度部门协调,使列车速度迅速降至每小时20公里,以防在高速行驶的列车上发生爆炸后产生更为严重的后果。然后在就近的车站停止前进,与铁路运输生产暂时隔离,防止产生更大的经济损失,同时使列车与运动状态隔离,便于我方的处置战术行动,并请求增派车站就近的警力给予支援。并要求车长协同,指挥铁路客运服务人员将旅客向案发车厢两头疏散,然后乘警视情况决定伪装或公开进入案发车厢。

2. 对站车内持爆炸物犯罪嫌疑人常用的处置战术

(1)谈判攻心战术

①主谈人员自我介绍,建立合作的基础。负责谈判的主谈乘警或车站民警保持必要的安全距离,要以温和的态度自我介绍,有充分尊重对方的神态,并对其行为表现出一定的同情心,使其尽快从激愤、恐慌的情绪中冷静下来,恢复理智。建立一定的相互信任,保证谈判能顺利进行下去。

②探明条件,减轻压力,注意倾听。不要轻易打断犯罪嫌疑人的谈话,让其把话说完,减轻其思想压力,唤起解决问题的希望。对其提出的问题条件有一定的认可,对于能满足的尽量满足,以争取在站车环境下和平解决。

③利用犯罪嫌疑人流露出的情感因素,立足劝降。充分利用其求生欲望、亲情的情感及主动去关心犯罪嫌疑人(如送水、送饭)的行为,促使犯罪嫌疑人放弃犯罪,和平解决。

④对犯罪嫌疑人所提要求的应对方法。对在站车环境下犯罪嫌疑人提出的要求应尽量满足;对于无法解决的如要枪等问题不要一口拒绝,而以请示汇报为由拖

延一定时间，以领导联系不上婉言谢绝。

⑤对已降服的犯罪嫌疑人的处置。通过谈判，如对方答应警方条件主动交出爆炸物，应予肯定，同时应让对方解除爆炸装置，放到警方指定地点，进行严格的搜身后予以缉捕，在车上将爆炸物迅速转移至车下，并请专业人员处置。

(2)近距离处置战术

处置持爆炸物的犯罪嫌疑人，应依据其采用的火具和点火方法，采取相应的处置行动。近距离处置时，成败在于一瞬间，要求行动要迅速、准确和突然，不给对方反应和抵抗的时间和机会。

①控制火具，使其不能引爆。犯罪嫌疑人持普通爆炸装置，点火须用打火机等外火源，谈判过程中满足犯罪嫌疑人送水、送饭、送烟、送钱的要求，吸引其注意力，当出现其手与点火工具分离的时机，趁其不备，民警先迅速控制点火工具，然后控制其双手，使其无法引爆。上背铐控制牢靠后，再将爆炸装置解下并搜身。

②隐蔽偷袭，控制双手。参战民警伪装旅客身份围观，搞清犯罪嫌疑人持电开关爆炸装置。当出现其操纵手已离开点火开关的有利时机，从犯罪嫌疑人的视野盲区突然袭击。先控制其双手，然后控制点火开关，上背铐，控制牢靠后，再将爆炸装置解下并搜身。对持电开关爆炸装置的犯罪嫌疑人不可将其摔倒，以防撞击点火开关发生爆炸。

具有以下情况之一时，均不能轻易采取近距离徒手控制战术：没有完全弄清楚对方使用火具的种类和点火方法；没有良好的贴靠条件，无法达成行动的突然性、准确性和可靠性；犯罪嫌疑人手中握着引爆开关；没有控制对方双手的绝对把握；没有有效控制其引爆装置的绝对把握。

③近距离枪击致命部位。在站车环境下(尤其在车上)，旅客疏散后，再谈判下去可能导致爆炸的后果时，主谈人员设法转移犯罪嫌疑人的注意力的一瞬间，伪装成旅客的警戒人员迅速准确地向犯罪嫌疑人的胸部、头部连续射击(爆炸物在腰部)，将犯罪嫌疑人击毙，以保证安全。如果列车被迫停车，可以用合适的借口将车窗打开。车下的攻击组隐蔽地前进到车窗下，趁犯罪嫌疑人注意力转移或是处于犯罪嫌疑人视野的盲区时，突然搭人梯用枪向犯罪嫌疑人头部准确射击，将犯罪嫌疑人击毙。

(3)满足条件、异地处置战术

在站车的环境下，对持爆炸物的犯罪嫌疑人一旦处置不当，后果无法估量。通过谈判设法诱离站车环境，可先满足犯罪嫌疑人"合理"条件，或满足一部分条件。让犯罪嫌疑人脱离站车场所后，通过远程跟踪或在犯罪嫌疑人必经之路设伏，异地捕歼。

(4)远距离精确枪击战术

对持有爆炸物的犯罪嫌疑人实施狙击,是在谈判等其他战术不能奏效、双方继续相持可能造成犯罪嫌疑人引爆的情况下,为避免爆炸后果,适时实施的狙击。在列车环境下此战术方法有一定的限制,在车站环境下有较好的使用条件。

采用远距离精确射击应把握以下几点:

①射手技术必须过硬,枪支弹药性能优良,狙击手应由特警队的专业人员担任,以保证狙击的效果。

②选择有利地形,并巧妙伪装,不能让犯罪嫌疑人有所察觉,使犯罪嫌疑人产生绝望情绪,并保证射击的突然性。

③把握好射击时机和命中部位,当指挥员下达可以射击的命令后,出现犯罪嫌疑人全身暴露在枪口前或头部暴露在枪口前时,应抓住战机,一枪击中犯罪嫌疑人的头部。

④统一口令,齐打齐停,如果有条件可安排两名以上的狙击手。当观察员发现时机后,统一口令,对准要害部位,齐打齐停,以确保狙击成功。

⑤犯罪嫌疑人被击中后。不要一拥而上,以防诈死。一名警察持枪从犯罪嫌疑人视野的盲点边观察边接近,在其两米外停顿一下,确认无反抗能力突然迅速上前,将犯罪嫌疑人的手控制住。上背铐。一警上前解下爆炸装置并转移后,仔细搜身,其他人员再靠前。

(5)缉捕站车环境下持爆炸物的犯罪嫌疑人时应注意的问题

①爆炸案件现场不要使用电台和无线移动电话,以免频道信号激活爆炸装置而造成引爆,在现场发现爆炸可疑物时严禁触摸,并请求专业人员前来处置。

②在站车环境下,慎重采用将犯罪嫌疑人先击伤后抓捕的方法,因为此种方法不足以让犯罪嫌疑人丧失反抗能力,并刺激犯罪嫌疑人引爆爆炸物。

③在站车环境下,慎用以警犬扑咬为先导的捕获方法,此种方法接敌时间过长,控制不牢靠,使犯罪嫌疑人有引爆爆炸物的时间,所以不宜采用。

④在站车环境,慎用非杀伤性武器为先导的缉捕方法,此种方法也存在犯罪嫌疑人没有丧失反抗能力,反而会导致犯罪嫌疑人因绝望而引爆爆炸物。因发生爆炸引起的建筑物倒塌、煤气泄漏、高压线断裂漏电等险情时,应立即组织警力,配合有关部门予以抢险,并派出警戒哨,避免发生不必要的人员伤亡。

实训项目七　铁路解救人质战术

一、实训目的

通过实训,使学生掌握铁路站车解救人质的谈判战术,武力解救人质的战术,达到铁路站车安全解救人质的目的。

二、实训要求

教师精心准备,科学施教,严格要求。学生积极思考,规范操作,角色明晰,注重安全。

三、实训方法

讲解法、示范法、分解练习法、完整练习法、检查纠错法、案例模拟对抗训练法。

四、实训学时

4 课时(180 分钟)

五、实训场地、器材

(一)场地:铁路警务战术演练场

(二)器材:

名　称	数量	单位	用　途
多媒体设备	1	套	案例演示
单警装备	50	套	训练使用
常见爆炸装置	1	类	训练使用
匕首	1	把	训练使用
防爆盾牌	2	块	训练使用
防爆头盔	10	顶	训练使用

续表

名　称	数量	单位	用　途
防刺服	10	套	训练使用
防割手套	10	副	训练使用
防弹盾牌	2	块	训练使用
防弹背心	10	套	训练使用
防爆罐	1	台	训练使用
防暴枪	2	支	训练使用
训练用震爆弹	10	发	训练使用
狙击步枪	2	支	训练使用
狙击步枪空包弹	10	发	训练使用
手枪	10	支	训练使用
手枪彩弹	100	发	训练使用
模拟旅客列车车厢	3	节	模拟场景使用

六、实训内容

1. 铁路站车解救人质谈判战术

(1)内部冲突型人质谈判

内部冲突型人质谈判的矛盾冲突仅限于劫持者和被劫持者之间,不直接涉及第三方的劫持人质案件。处置模式:积极倾听——同情理解——建立信任——因势利导——改变行为。

①积极倾听:善于倾听不仅能获取相关信息,还能使对方感到被重视、被关心、被尊重,赢得对方的好感,不要自己说得太多。

②同情理解:理解劫持者的经历和感情。对方只有在被理解后才会接受谈判人员,谈判人员才能更好地去影响对方。不过分展示警力,不采用威胁、命令的语言。

③建立信任:谈判人员要以提供帮助,共同度过现时危机的面目与劫持者谈判。展示诚意,给劫持者以诚实、正直的感觉,建立信任。

④因势利导:不急于解决问题,讨价还价要有耐心和自制力,向劫持者显示和平的意愿,可以有效地降低分散其焦虑和愤懑,帮助其恢复理智,有利于危机的解决。

⑤改变行为:时机成熟,提出"互惠"的解决问题的办法,促使劫持者中止犯罪行为,向警方投降。

(2)外部冲突型人质谈判

外部冲突型人质谈判即劫持者将人质作为筹码,挟持与人质相关联的第三方满足其某种要求的劫持人质案件。处置模式:武力威慑——讨价还价——降低期望——丧失信心——改变行为。

①武力威慑:向劫持者展示警方强有力的武力(警方的包围、警力调动、狙击手严阵以待)而不实际使用。谈判人员不要盛气凌人地训话,以免增强其焦虑感,激化矛盾(如图 7-1、图 7-2 所示)。

图 7-1

图 7-2

②讨价还价:通常情况下,劫持者都会直截了当地提出条件和要求。谈判人员要善于利用讨价还价技巧,对劫持者要求不要直接拒绝。不要满足太多太快,对不能满足的要求回绝时口气要婉转,策略性的拖延。

③降低期望:拖延时间,使其不合理的要求得不到满足,降低其期望值。

④丧失信心:劫持者表现比较沉默、犹豫不决,有推脱行为责任的意向。

⑤改变行为:当劫持者的期望值降低、信心已丧失。产生悲观绝望之时,是改变其行为的最好时机。谈判人员这时应不失时机地鼓励并敦促劫持者中止犯罪向警方投降。

(3)谈判人员应注意的问题

①不宜一次与对方二人以上进行谈判。

②注意保持身体距离,不要背向劫持者,保持适当距离,减轻劫持者的心理压力。

③保持眼睛接触,要正确认识与控制自己的情绪。

④应身着伪装的防弹衣。

⑤现场预留一条紧急避险的路线,要有火力接应的保障。

⑥取得武力解救组的配合。

2. 铁路站车武力解救公开型人质战术

(1)前期处置行动

①核实情报信息

了解犯罪嫌疑人的人数、性别、年龄、体貌特征、持有何种凶器、是否有武器或炸药等;了解人质所在的车次与型号、车站或列车内的具体位置等;了解犯罪嫌疑人实施犯罪的动机和目的;了解犯罪嫌疑人所在车厢或车站位置的内部结构、进出口和应急通道或窗口的位置,周围旅客与群众等;实地勘察进行绘制、手机拍摄或者调取现场地形图等。

②制定行动方案

A. 根据犯罪嫌疑人及其所在车站或列车的结构与周围环境,确定解救人质的战术方法。

B. 根据犯罪嫌疑人的人数、手段、环境等情况,安排解救人质的警力,并根据案情进行分组。

C. 根据犯罪嫌疑人所持的凶器,确定武力处置组人员的武器装备。

D. 根据犯罪嫌疑人所乘列车或人体生理的疲劳期等时间,确定解救时机。

E. 根据可能发生的情况,制定多套方案,以应对多变、复杂的劫持案情。

③明确各组的位置和任务

A. 指挥组:应选择在便于观察现场和安全隐蔽的地方。

B. 围控组:控制出入现场中心必经的各个路口和通道;控制各制高点,防止劫持者逃离现场;疏散围观群众,设置警戒线,禁止无关人员进入现场。

C. 谈判组:做好对话准备,谈判组占据的位置应做到:便于尽可能接近与劫持者对话;便于掩护武力处置组人员的进攻和便于武力处置组火力的发挥。

D. 武力处置组:根据现场总指挥意图,寻机控制或击毙、击伤劫持者。

E. 调查组:为指挥组提供有用的情报信息,为实施正确处置创造条件。

F. 勤务保障组:了解现场的环境情况、查明有无暗道通往外面;切断水、电、气源;视情况调集消防、救护车、排爆方面的车辆和人员,防患于未然。

G. 机动组:做好机动出击准备,着手易地处置方案的拟订并做相应准备。

(2)武力处置战术

①秘密偷袭

警方处置人员行动时,伪装成铁路工作人员、旅客、医护人员、生活服务人员等,秘密接近劫持者,采取突然袭击方式,将劫持者击毙、击伤或捕获。秘密偷袭时,应利用劫持者戒备松懈、防范薄弱的机会发起突袭。

②强攻突袭

劫持者在房间或车厢时,先隐秘占领突破口、选定突击的突破口的位置,可选在房间或车厢的门和窗户两侧,车站高建筑应考虑索降。当有多名人质被分别关押时,现场指挥员应布置警力同时选定占领关押人质房间的相应突破口。突击队员占领突击的突破口的位置后,应按突击顺序排好位置做好突入和射击的动作和预备姿势,如投掷爆震弹、闪光弹时,应戴好护目镜和防震耳塞。占领突击发起后的突击准备时间应越短越好,距劫持者的距离越近越好,以防情况突然发生变化,暴露警方的突击行动。发起突击行动前先向室内或车厢内投掷闪光弹和震爆弹，迅速突入必须在瞬间剥夺劫持者对人质的控制能力及自身的反抗能力，消除对人质和警察构成的直接威胁，将劫持者击毙或控制，分离劫持者和人质，救出人质（如图7-3、图7-4所示）。

图7-3

图7-4

③狙击手远距离精确枪击

在距劫持者一定距离之外，由狙击手使用射击精度高的枪支，利用劫持者与人质之间位移的空间差，隐蔽、突然地对劫持者精确瞄准射击，以剥夺其生命或消除其抵抗能力。狙击阵地选择：设置狙击阵地，应尽量选择隐蔽性和舒适性较好铁路站车现场的房屋内或有遮蔽的地点，狙击手应选择一扇打开的窗户，拉上窗帘，利用桌椅在窗帘后架枪，将窗帘挑开使其不遮住枪口和瞄准镜。为避开窗口阳光的直接投射，可选择离开窗口的房屋纵深某处阴暗位置，利用桌椅构成射击平台，使狙击阵地隐蔽。将劫持者击毙或击伤，救出人质（如图7-5、图7-6所示）。

图 7－5

图 7－6

④以非致命性警械辅之警犬扑咬为先导突袭

采用非致命性警械辅之警犬扑咬为先导的袭击形式。警方可投掷或发射闪光弹、震爆弹等非致命性武器攻击。此类武器的使用对人质的伤害是暂时的，对劫持者则可产生心理上的压力和干扰，生理上的刺激，使劫持者暂时失去抵抗能力或攻击能力，辅之以警犬扑咬，警方处置人员快速出击，将劫持者控制或击毙。救出人质（如图 7－7 所示）。

图 7－7

⑤易地处置伏袭

当现场处置难以实现或现场处置易受其他损失时，应顺应劫持者离开现场的要求，或主动诱使劫持者提出离开现场。在此之前，警方应在劫持者的必经之处及预定目的地严密部署。凭借地形及准备上的主动和优势，将劫持者击毙或控制，救出人质（如图 7－8 所示）。

图 7-8

⑥施雾隐袭

如果犯罪嫌疑人劫持人质的位置在封闭的车厢内，可采用释放神经性催眠雾剂，将犯罪嫌疑人麻痹致晕，救出人质。此方法对封闭空间人质也有一定的危险，应慎用。

(3)铁路站车解救人质后期处置

①对抓获的犯罪嫌疑人的处理。对铁路站车现场处置过程中抓获的犯罪嫌疑人要依法进行人身和物品搜查，在押解犯罪嫌疑人的过程中，担任押解任务的警察，要时刻提高警惕，严防犯罪嫌疑人脱逃。

②清理现场，恢复交通。劫持人质犯罪案件现场处置完毕后，解除相关警戒，除了保留的犯罪现场外，对现场应进行清理活动，组织警力恢复铁路站车正常的运输秩序。

③抢救伤员，进行现场急救。在铁路站车现场处置过程中，发现伤病人员，警方应会同有关部门进行有效的抢救活动，开展现场急救。

④进行现场勘察，保全现场证据。及时调集有关技术力量，对劫持现场及周围地带进行现场勘察、检查，获取劫持者犯罪活动的相关痕迹、物品，对提取的证据应妥善包装、加封和运输，防止损坏和丢失。

实训项目八　铁路群体性事件处置战术

一、实训目的

通过实训,使学生掌握铁路群体性事件的现场处置战术。

二、实训要求

教师精心准备,科学施教,严格要求。学生令行禁止,规范操作,以练促战,注重安全。

三、实训方法

讲解法、示范法、分段练习法、完整练习法、检查纠错法、案例模拟对抗训练法。

四、实训学时

4 课时(180 分钟)

五、实训场地、器材

(一)场地:铁路警务战术演练场

(二)器材:

名　称	数量	单位	用　途
多媒体设备	1	套	案例演示
单警装备	30	套	训练使用
防爆盾牌	30	块	训练使用
防爆头盔	30	顶	训练使用
防暴服	30	套	训练使用
防暴枪	4	支	训练使用
训练用催泪弹	10	发	训练使用

续表

名　称	数量	单位	用　途
长木棍	5	根	训练使用
训练用砖	20	块	训练使用
铁锹	5	把	训练使用

六、实训内容

(一)铁路群体性事件的主要类型

1.转嫁施压型。这是指铁路沿线周边地区的一些职工群众,因个人利益通过正常途径得不到解决,便利用铁路在国民经济中的重要地位,将矛盾转嫁于铁路,通过拦车断道、冲击铁路等群体性事件来扩大影响,制造声势,进而达到向主管部门“施压”,求得问题解决的目的。

2.直接针对型。这是指铁路内部职工及家属或铁路沿线周边地区的一些职工群众以铁路在生产、运营、施工、拆迁、修建及改革过程中损害或不顾个人利益为由,而直接采取集体到铁路拦车断道、围攻上访等过激的举动,迫使铁路部门领导满足他们的要求。

3.乘车上访型。这是指铁路沿线周边地区部分职工群众,由于对企业破产、改制和生活待遇、岗位安置等问题不满,利用铁路快速便捷,人员密集,可隐蔽成行的特点,而采取聚众上路,集体乘坐火车进京或到省级党政机关进行越级上访,借此引起上级的重视,求得问题的解决。

4.扬言上路型。一些发生在地方的群体性事件由于政府或企业处置不力,闹事群众为加大压力,扬言到铁路拦车断道,要挟地方党政部门,以求该问题的尽快解决。

(二)铁路群体性事件现场处置应采取的措施

1.现场管理措施。铁路公安机关处置群体性事件,可以依据铁路现场情况依法采取下列现场管制措施。

(1)封闭铁路站车现场和相关地区,未经检查批准,任何人不得进入。

(2)设置警戒带,划定警戒区域。

(3)实行区域性交通管制。

(4)守护重点目标。

(5)查验现场人员身份证件、车票,检查嫌疑人员随身携带行李物品。

2.禁止聚众措施。铁路公安机关处置群体性事件,可以依据铁路站车现场情况,依法采取下列强制性措施。

(1)发布命令或通告,责令围观人员、旅客立即离开现场,责令聚众组织者立即解散队伍,责令聚众闹事的人员在限定时间内离开现场,迅速疏散。

(2)对超过限定时间仍滞留现场的人员、旅客,可以使用必要的驱逐性和制服性警械强行驱散,尽量避免冲突和伤亡。

(3)对强行驱散仍拒不离去的人员、旅客或为首的组织人员、骨干人员,可以依法强行带离现场或者予以拘留。

(4)对正在进行打、砸、抢、烧,破坏铁路站车设施的人员,应当立即制止并依法带离现场或予以拘留。

(5)对非法携带的武器、管制刀具、易燃易爆等危险物品和用于非法宣传,煽动的工具、标语、传单等物品,应予以收缴,并依法处理有关责任人员。

3. 现场取证措施。在处理铁路站车群体性事件时,铁路公安机关应依法及时取证,为现场处置和事后依法处理提供证据。

(1)手段。使用录音、照相、摄像等手段进行现场取证。

(2)方法。采用公开与秘密相结合的方法及时取证。

(3)目的。为及时处置和事后依法处理提供证据。

(三)铁路群体性事件现场处置战术

在处置铁路群体性事件的过程中,应根据事态的性质、规模及其发展的不同阶段,采取相应的处置方法和手段。

1. 初期处置战术

初期处置战术是为了防止事态的进一步发展,并保护重点单位和要害部门免受冲击和危害。把事件制止在萌芽或初期阶段。

(1)说理告法,政策攻心。一是说服式教育。充分运用政策和法律进行说服,使闹事群众恢复理智,自动离散。二是高压式宣传。现场人数众多,环境嘈杂,通过高音喇叭宣传,使闹事人群被迫接受教育,使其慑于政策法律的威严和害怕承担的责任,自动离开闹事现场。三是重点性教育。协助党政有关部门领导与闹事组织者和骨干人员对话,疏通思想,指出组织闹事应负的法律责任,劝导他们放弃对事件的组织领导,离开闹事现场。

(2)警力威慑,引而不发。在其发展的初期,在进行教育疏导的同时,可将相当数量装备齐全的民警,以严明的纪律、高昂的士气、威严的警姿,快速开进现场。警灯闪烁,警笛长鸣,以此显示法律的尊严和警力的威严,使闹事者产生恐慌心理,阻止其进一步聚集,或促使已在现场的人员离开,瓦解参与人员,防止事态由和平转为暴力,以最小的代价换取最大的胜利,达到不战而屈人之兵的效果。

(3)现场管制,遏制事态。在闹事现场四周的出入口建立两道封闭圈,形成正面对内对外,并划定警戒区域,设置临时警戒线,实行区域性交通管制,疏出阻入,制止无关人员、车辆进入封闭区。

(4)卡口阻路,周边封控。采取固定哨卡与武装巡逻相结合的形式。在事发区域周边布设固定哨卡,选择重要的路口、桥梁、车站等出入通道,并设置路障和检查标志;组织武装巡逻时,要点线结合,以点连线,以线制面。同时,还应留有机动警力，随时应付突发情况。

(5)拦截阻隔，重点布防。民警可编成有效队形，设置人墙，将事件双方主体(如群体械斗的双方)隔开，使对立的双方脱离接触，最大限度地减少或避免因双方消极互动而产生的影响。对于事件主体所指向的对象，为铁路党政机关、生产调度部门、站车设施、线路设备等重点单位和要害部位，应集中优势警力，人障结合，设卡拦阻。在闹事人群可能途经路线的要点上部署拦阻警力，设置障碍物，阻止其向预定区域和目标行进集结，切断事件主体与要害部门的接触。设卡拦阻部署通常按宣传组(检查组)、设障组、拦阻队、预备队等编成，成纵深配置。

2. 中期的处置战术

中期处置是公安民警在初步控制局势的前提下，所采取的疏散闹事群众，平息事态的各种战术手段。

(1)强行驱散

①队形冲击驱散

穿插分割、实施平推。当闹事群体人数较少时，一个穿插分队楔形插入，其他警员成两路队形紧随其后开进，持盾牌、警棍打开缺口，分割后向闹事群体两侧实施横推，当闹事群体人数较多，正面和纵深大体相等时，两个穿插分队应选择相向穿插的方法，同时向闹事群体中心相向穿插，打开缺口后，立即向两侧实施横推；当闹事群体正面较窄、纵深较长时，应选择侧翼多路穿插的方法，将闹事人群切割成数段，然后平推驱散人群。

②使用警械驱散

A. 列阵攻击，一面平推。行动时前列人员戴头盔，持警棍盾牌，后列人员戴头盔，携带防暴枪、催泪弹等非杀伤性武器，一字形或弧形阵排列，成若干个横队队形，列阵排列，协调一致向某一方向直接驱赶闹事人群，警告无效后，后列人员可先投掷或发射催泪弹，前列人员依靠施放催泪弹的效果，采取盾牌挤推、警棍击打等战术手段，展开迅猛有力的推进，一举将闹事人群驱散。

B. 中间突破，两面平推。警告无效后，先发射催泪弹。驱散分队成楔形或二路纵队迅速穿插，在闹事人群中打开一条通道，分隔闹事人群后，分别向两面采取盾牌挤推、警棍击打等战术手段，驱赶闹事人群。

无论闹事人群的规模大小，无论采用何种方式进行驱散，都应给闹事的人群留有退散的通道。这条通路必须通畅，便于闹事人员离开现场并散去，而不至于发生拥挤、踩踏引发更大的骚乱。

(2)警告无效，强行带离。对少数拒不接受教育，阻挠、抗拒公安机关执法，影响铁路交通运输的违法嫌疑人，经强行驱散仍拒不服从，经警告无效后，强行带离现场或者予以拘留。

(3)打击少数，抓捕首恶。当出现打、砸、抢、烧犯罪行为时，派出精干警力坚决抓捕少数违法犯罪分子，扼制整体事态的发展。对事件首要犯罪分子的抓捕是一项风险性很大的工作，现场处置不当反而会引起闹事者情绪的激化，不利于事态的平息，对不易当场抓捕和处理的，可组织公秘力量获取证据，事后再进行抓捕。

(4)调查取证，收缴闹事者工具。调查的重点是何人造成的危害，其实施危害的手段是什么，其危害后果如何等。调查取证可采取多种方法和手段进行。对于闹事者携带的非法宣传品、危险物品、凶器以及在事件中被哄抢的物品要予以强行收缴扣押，并做好严格的登册记录，便于后期妥善处置。

3. 后期的处置战术

后期的工作主要是消除危害后果，恢复正常的生产、社会秩序，防止闹事群众重新集结。

(1)依法追责。对于不明真相的一般外围群众或者违法行为显著轻微的参与者，主要采取批评教育的方法予以处置。对于有一定的违法行为但危害后果尚不严重的，可给予治安行政处罚或建议所在单位给予行政纪律处分。对事件中的组织策划分子和进行打砸抢的骨干分子，应交由相关部门追究刑事责任。

(2)保留警力。在事件现场保留适当警力，防止闹事群众重新集结。

(3)消除后果。消除危害后果，尽快恢复铁路交通运输生产，稳定社会秩序。

(4)认真分析引发事情的成因、特点和采取的对策、战术，堵塞漏洞，弥补不足，改进工作。

(四)处置铁路站车群体性事件常用战术队形

战术队形是铁路公安机关在临战处置的复杂情况下，有效控制闹事群体的一种基本战术措施，其内容主要包括对闹事群体的阻截、包围、分割、驱散及缉捕，以达到震慑、控制、制止及打击的目的。在处置铁路站车群体性事件的战术队形运用中，现场指挥员要根据事件的规模、地形、环境，灵活运用各种战术队形，做到随机组成、灵活应变、衔接紧密、单一队形与各种复合队形交替使用，做到远端控制、层圈过滤与中心隔离、机动处置相结合。

1. 横队疏散队形

横队疏散队形既是作为警方开始进行群体性事件现场处置的预备队形，也是临战前的警戒队形。其具有展开正面宽、震慑效果明显等特点。该队形适用于轻装队形或盾装队形(如图8－1所示)。

图8－1

2. 横队密集队形

横队密集队形是作为警方对聚集程度较高的人群有效控制队形,同时也是应用率较高的一种防暴战术队形。其具有攻防兼备、拦阻效果明显等特点。该队形适用于轻装战术队形或盾装战术队形(如图8－2所示)。

图8－2

3. 横队阻截队形

横队阻截队形是警方针对单位面积内密度高、具有一定冲击和对抗程度的近距离聚集人群,而以盾装方式实施有效阻截的战术队形。其具有阻截效果明显,抗冲击能力强等特点。该队形适用于盾装战术队形(如图8－3所示)。

图8－3

4. 横队防护队形

横队防护队形是用于防御闹事人员投掷危险物品,对警方自身或重要目标实施有效保护的一种防护队形。其具有防护能力强、队形易构成等特点。该队形适用于盾装战术队形(如图8－4所示)。

图 8－4

5. 楔形驱散队形

楔形驱散队形是警方用于强行打开被围堵通道、驱散聚集人群的一种攻击战术队形。其具有突破能力强、穿插迅速、分割作用明显等特点。该队形适用于轻装战术队形或盾装战术队形（如图 8－5 所示）。

图 8－5

6. “H”形隔离队形

“H”形隔离队形是警方用于分割聚集人群后固守防线或隔离聚集人群的一种隔离战术队形。其具有隔离重点明晰、效果明显等特点。该队形适用于轻装战术队形或盾装战术队形（如图 8－6 所示）。

图 8－6

实训项目九　列车内狭窄空间战法

一、实训目的

通过实训,使学生掌握在列车内狭窄空间环境下的徒手、警棍战法,提高徒手、警棍战法现场制止违法犯罪的处置能力,有效地控制和缉捕违法犯罪嫌疑人。

二、实训要求

教师精心准备,科学施教,严格要求。学生令行禁止,积极思考,爱护器材,规范操作,注意安全。

三、实训方法

讲解法、示范法、分解练习法、分段练习法、完整练习法、检查纠错法、案例模拟对抗训练法。

四、实训学时

4 课时(180 分钟)

五、实训场地、器材

(一)场地:铁路警务战术演练场

(二)器材:

名　称	数量	单位	用　途
多媒体设备	1	套	案例演示
体操保护垫	50	块	训练使用
单警腰带	50	条	训练使用
伸缩式警棍	50	根	训练使用
手铐	15	副	训练使用

续表

名　称	数量	单位	用　途
击打部位示意图	1	张	训练使用
脚靶	25	块	训练使用
木棍	5	根	模拟案例使用
匕首	5	把	模拟案例使用
模拟旅客列车车厢	1	节	模拟场景使用

六、实训内容

（一）理论提示

狭窄空间主要是指尺度小并有通道限制的有限小空间。在一般情况下，这种空间是由厢体、墙体和人员密集所造成的封闭空间，旅客列车内为典型的狭窄空间。由于空间狭小、人员密集、环境复杂，警察在限制空间内的警务战术应用受到限制，警力优势丧失，必须依据狭窄空间的特点采用快速、有效、简单、直接的战法依法制伏违法犯罪嫌疑人。

（二）列车内徒手控制战法

列车内徒手控制战法是指在列车内尺度小并有通道限制的有限小空间内，民警依法使用身体强制力制止现场违法犯罪行为的处置方法。

1. 使用条件

（1）对正在以轻微暴力方式实施违法犯罪行为、尚未严重危及公民或者民警人身安全、经警告无效的，可以徒手制止。

（2）情况紧急，来不及警告或者警告后可能导致更为严重危害后果的，可以直接使用徒手制止。

（3）徒手制止，应当以违法犯罪行为人停止实施违法犯罪行为为限度；除非必要，应当避免直接击打违法犯罪行为人的头部、裆部等要害部位。

2. 徒手控制技术

由于受列车内空间的限制，对现场实施违法犯罪嫌疑人使用徒手控制技术，适宜利用车厢通道前后空间进行控制。

（1）提手戒备

动作要领：两脚前后开立约与肩宽，身体侧向目标，两腿微弯曲，双臂屈肘稍向里合，双掌左前右后，目视目标（如图 9－1 所示）。

图9－1

(2)解脱技术

①单臂抓握解脱

动作要领:被抓握手翻腕上抬,另一只手选择掌根或握拳击打目标的手腕内侧,达到解脱目的(如图9－2至图9－7所示)。

图9－2

图9－3

图9－4

图9－5

图 9－6

图 9－7

②双臂抓握单手解脱

动作要领：我方单手手腕被目标双手由上而下抓握时，另一只手由上向下抓住自己的握拳手，运用转体和双手的合力，肘关节前挺，达到解脱目的（如图 9－8 至图 9－11 所示）。

图 9－8

图 9－9

图 9－10

图 9－11

③双臂抓握双手解脱

动作要领:我方双手手腕被目标双手抓握时,左右手上下拉伸,运用合力交错击打对方手臂,达到解脱目的(如图 9－12 至图 9－15 所示)。

图 9－12

图 9－13

图 9－14

图 9－15

④单手抓胸解脱

动作要领:我方胸部被目标单手抓握时,同侧手向上贴面部高举,同时由上向下环绕手臂,并后退一步向后拧腰发力解脱(如图 9－16 至图 9－19 所示)。

图 9－16

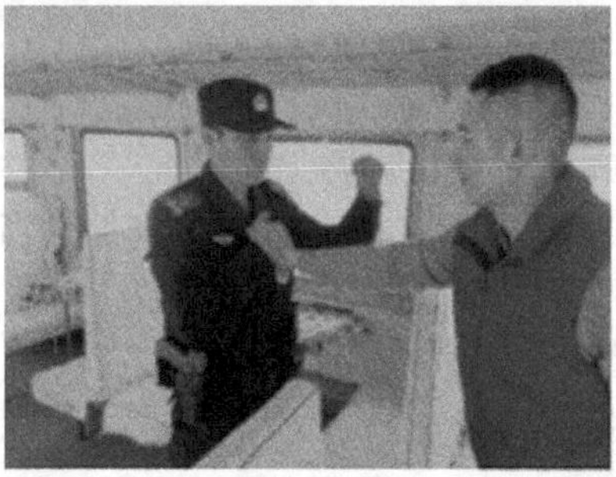

图 9－17

图 9－18

图 9－19

(3)防护技术

①对拳击打的防护

A. 复合挡格防护

动作要领:在提手戒备的基础上,当对方用拳法攻击时,两臂上提,左手呈肘击姿势护住后脑和太阳穴,肘关节向前,右手护头,收腹含胸,下颌微收,闭嘴合齿,目视前方,保持防护状态(如图 9－20、图 9－21 所示)。

图 9－20

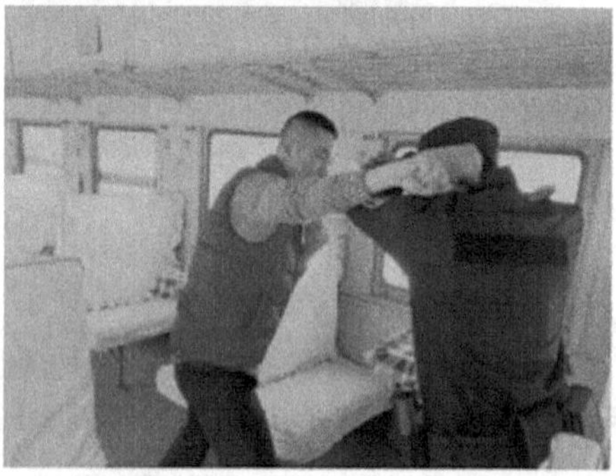

图 9－21

B. 前臂挡格防护

动作要领:在提手戒备的基础上,当对方用拳法攻击时,我方迅速上步,双臂上提略高于头部,目视目标,整体发力,手肘伸展超过 90 度向右(左)斜前上方挡格(如图 9－22 所示)。

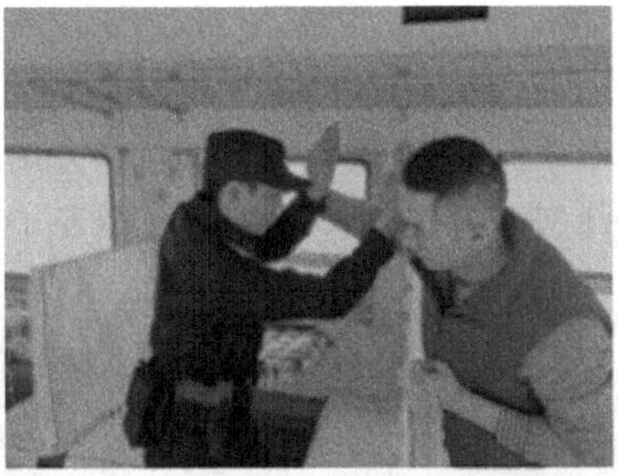

图 9 – 22

C. 掌根击防护

动作要领：在提手戒备的基础上，当目标向我方接近时，我方迅速利用腰胯转动，手臂快速前伸，使用单手或双手掌根震击对方锁骨末臂神经丛（如图 9 – 23、图 9 – 24 所示）。

图 9 – 23

图 9 – 24

②对腿攻击的防护

动作要领：目标正面用腿法攻击时，两脚快速蹬地后移拉开距离，双手迅速合掌或十指交叉，向下拦击对方小腿正面部位（如图 9 – 25、图 9 – 26 所示）。

图 9 – 25

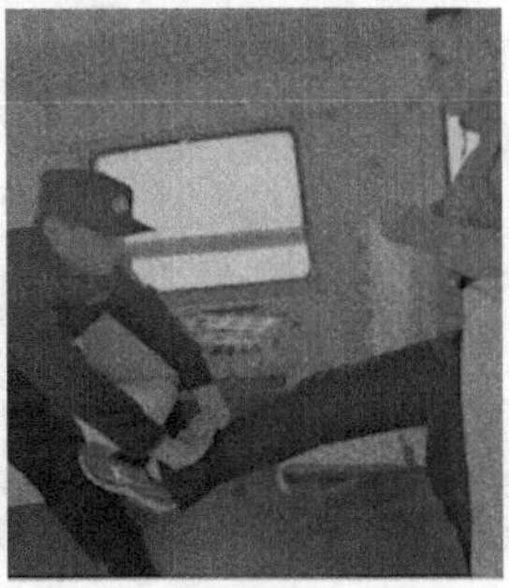

图 9 – 26

(4)控制技术

①抓胸控制技术

动作要领:当目标用右手抓住我方胸口衣服时,我方迅速用右手按压住目标右手背并扣压,左手快速切压对方右臂肘关节窝处,顺势左手臂由对方腋下缠绕对方右臂,别臂控制(如图9-27至图9-34所示)。

图9-27

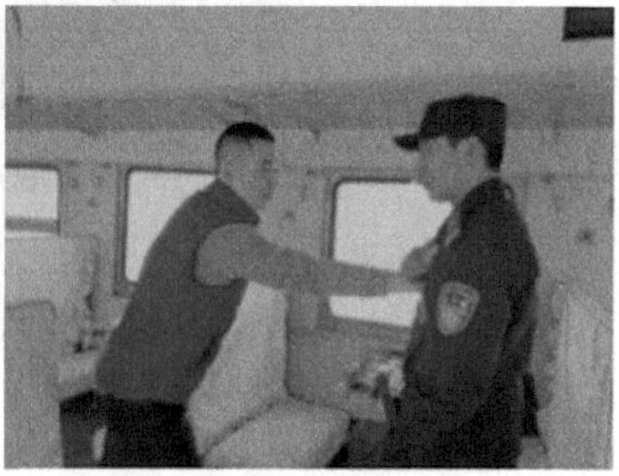

图9-28

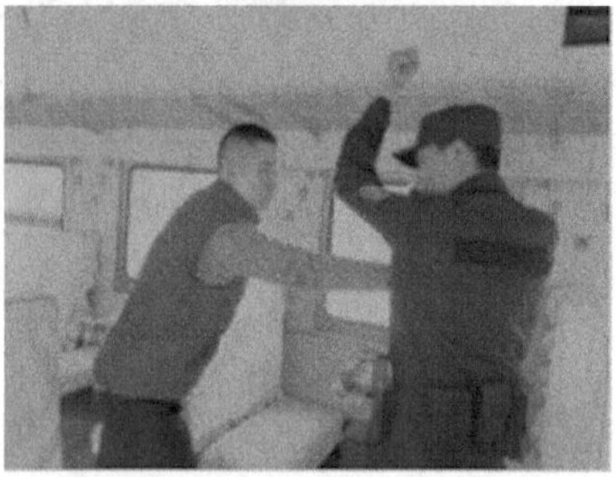

图9-29

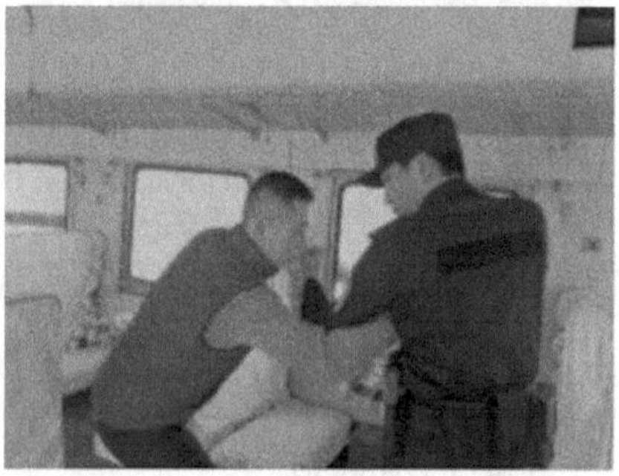

图9-30

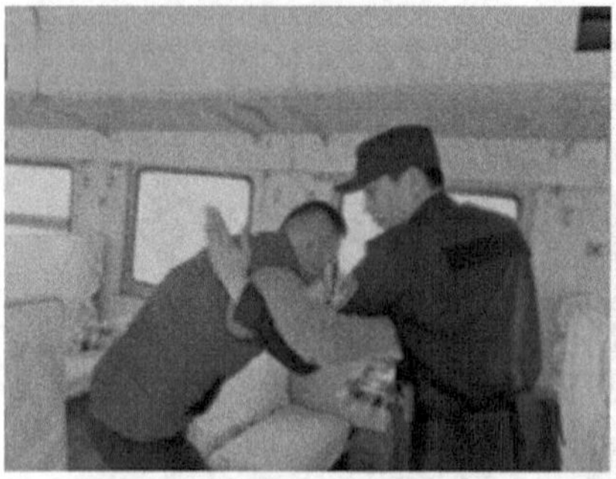

图9-31

图9-32

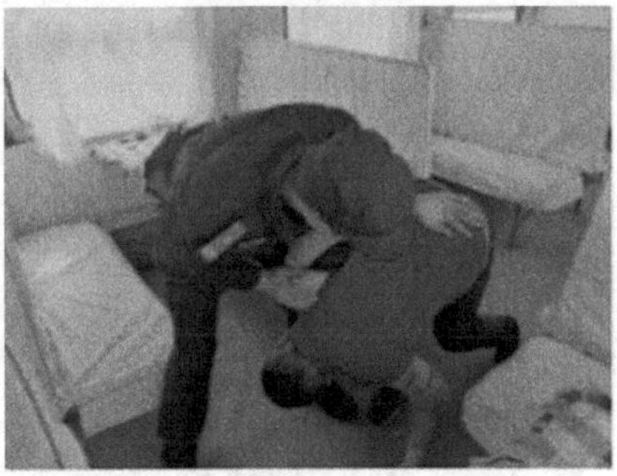

图 9 – 33

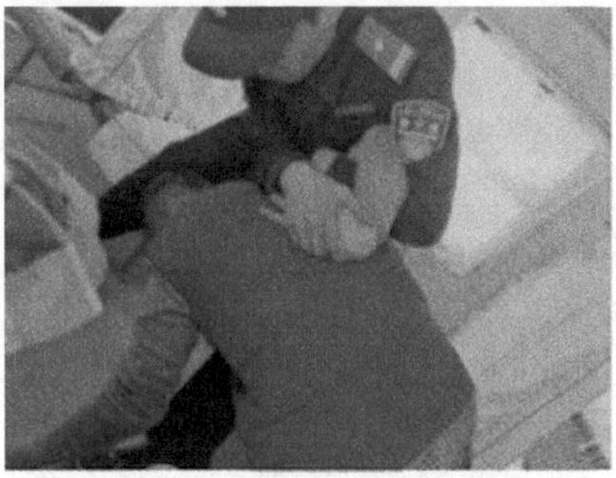

图 9 – 34

②夹臂控制技术

动作要领：当目标用右拳法向我方攻击时，我方迅速移动向前贴靠，使用复合挡格，右手迅速由下而上拨开对方进攻手臂，迫使目标转体，同时夹抱对方双臂，左手臂迅速锁喉控制（如图 9 – 35 至图 9 – 40 所示）。

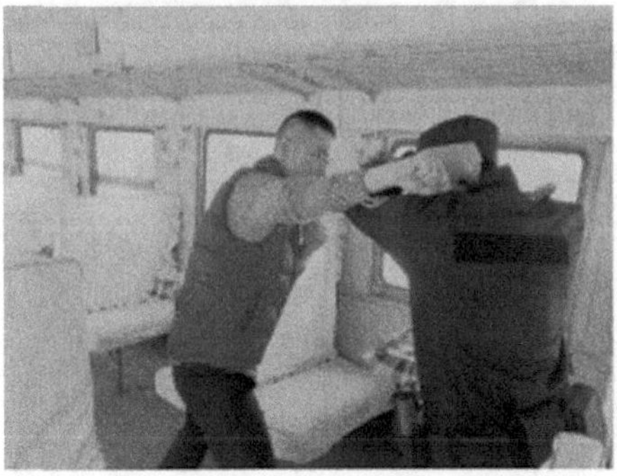

图 9 – 35

图 9 – 36

图 9 – 37

图 9 – 38

图 9 - 39

图 9 - 40

③抱臂压颈控制技术

动作要领：由目标身后快速接近，两手臂迅速由对方腋下由下而上穿过控制双臂，同时，双手迅速扣压对方颈部，身体贴紧对方，重心下压控制（如图 9 - 41 至图 9 - 44所示）。

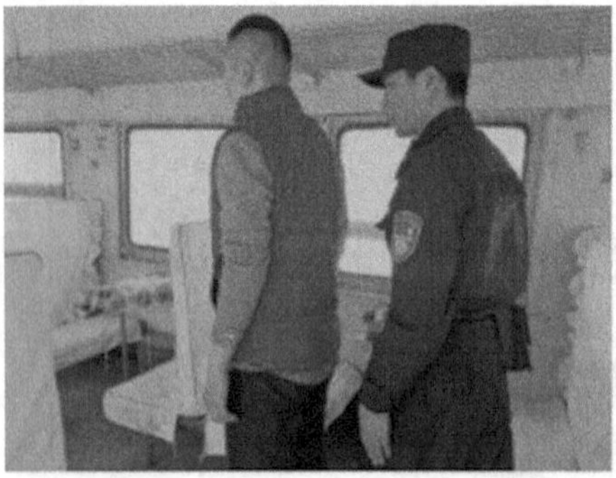

图 9 - 41

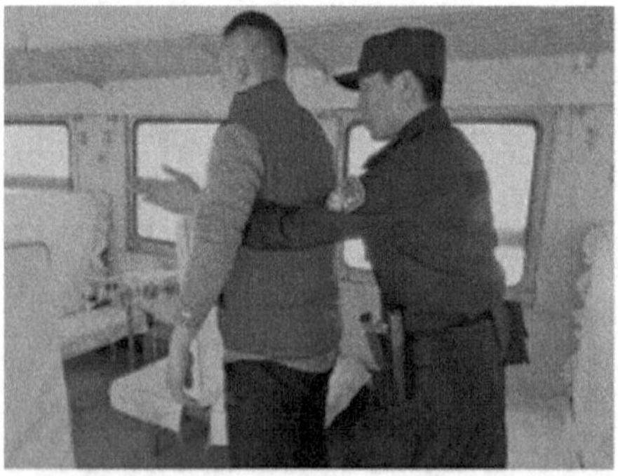

图 9 - 42

图 9 - 43

图 9 - 44

④锁喉控制技术

动作要领：由目标身后快速接近，使用三角锁控制目标喉部，同时，头部贴紧对方，主控手保持控制力度，身体向左侧略转，左手抓握对方左手腕，重心下压控制（如图9－45至图9－48所示）。

图9－45

图9－46

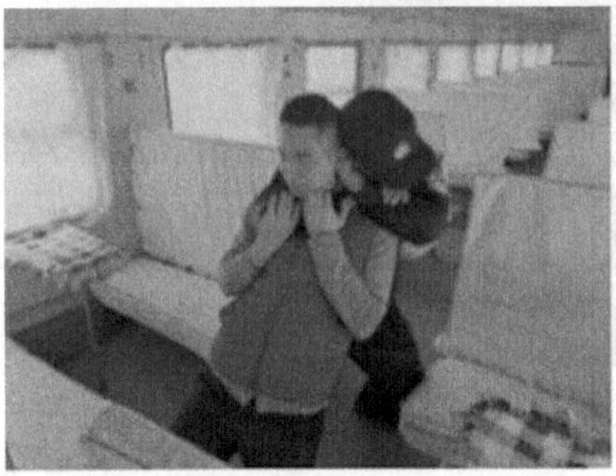

图9－47

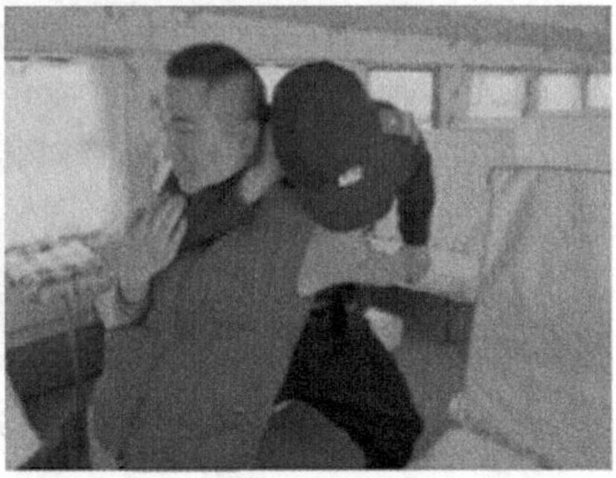

图9－48

3. 徒手控制战法

（1）对消极性徒手抗拒的战法

接警→呼叫增援→到达现场→打开执法记录仪→形势评估→协同站位→距离控制→消极抗拒→亮明身份→警告→警告无效→徒手制止→上铐约束→安全检查→固定证据→带离

（2）对顽强性徒手抗拒的战法

接警→呼叫增援→到达现场→打开执法记录仪→形势评估→协同站位→距离控制→顽强抗拒→亮明身份→疏散旅客→警告→警告无效→徒手控制→协同上铐→搜身→固定证据→带离

（三）列车内警棍控制战法

列车内警棍控制战法是指在尺度小并有通道限制的列车有限小空间内，民警使用警棍制止现场违法犯罪行为的处置方法。

1. 使用条件

(1)民警遇有《中华人民共和国人民警察使用警械和武器条例》第7条所列危害公共安全、社会秩序、公民人身安全等情形之一，徒手制止无法对违法嫌疑人进行有效控制时，经警告无效的，可以使用警棍。

(2)民警使用警棍，应当以制止违法犯罪行为为限度；当违法犯罪行为人停止实施违法犯罪行为时，应当立即停止使用。

(3)违法犯罪行为人的攻击尚未危及他人或者民警生命安全的，民警使用警棍时尽量避免攻击违法犯罪行为人的头部、裆部等致命部位。

2. 警棍控制技术动作

(1)腹前戒备

动作要领：警察侧身戒备目视目标方向，将警棍持握手上不开棍，右手握住警棍，左手辅助搭于右手手背上，起隐藏作用，置于腹前保持戒备状态（如图9－49所示）。

图9－49

(2)警棍解脱技术

①当对方抓住我方胸口衣领经警告无效时，利用警棍后把抵住对方手背压迫控制解脱（如图9－50所示）。

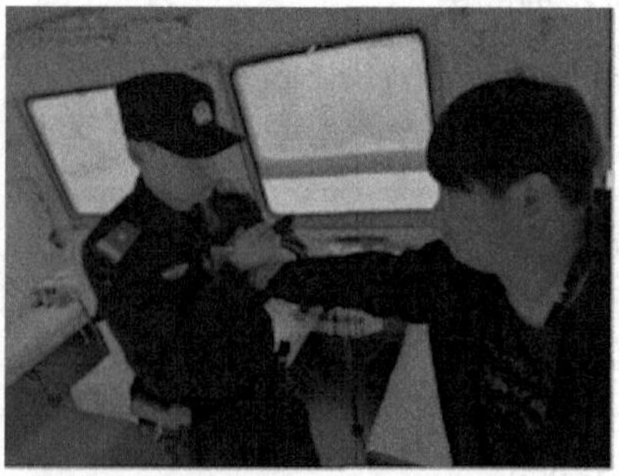

图9－50

②利用警棍后把或前端敲击对方肘关节处解脱(如图9－51、图9－52所示)。

图9－51

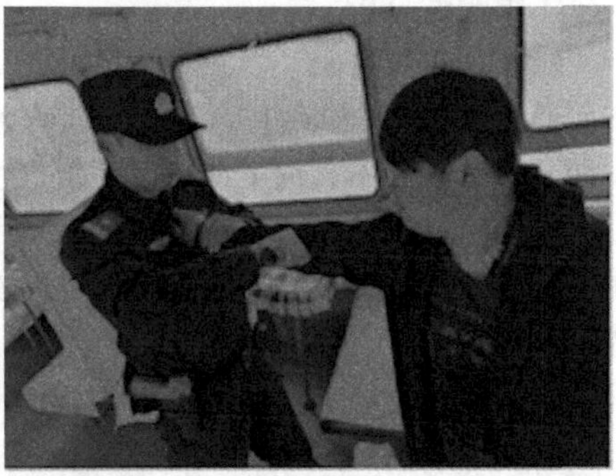

图9－52

③利用警棍后把砸击对方肩部解脱(如图9－53所示)。

图9－53

④利用警棍前端戳击对方腋下肋骨处解脱(如图9－54所示)。

图9－54

(3)上挑开棍技术

①限制性分析

旅客列车内空间环境狭窄,其中高铁、动车的车厢通道宽度为58cm,普通列车车厢通道宽度为55cm,普通列车卧铺车厢通道宽度为70cm。因此,开棍的方式受车厢环境的限制不宜向上或向下开棍,适宜向身体前方开棍。

②动作要领:右手持棍腹前戒备,大臂带动小臂和手腕,利用爆发力垂直向上用力,同时左手拍打右小臂形成制动,使右手大小臂成90度甩出警棍,警棍打开后成肩上戒备姿势(如图9－55、图9－56所示)。

图9－55

图9－56

(4)警棍劈击技术

①限制性分析:警棍击打的部位受列车内空间环境限制,不便击打犯罪嫌疑人的下肢,只适宜击打犯罪嫌疑人的上肢。警棍上劈击动作的运行轨迹不宜左右幅度过大,否则易击打到周围的人和物,只宜由上而下直线击打,并限制在车厢通道的范围内。

②动作要领:在肩上戒备的基础上,右脚蹬地拧腰送肩大臂带动小臂整体发力,力达棍前管,由上至下直线击打,击打犯罪嫌疑人的手臂外侧桡侧神经、手臂内侧桡正中神经、腕指关节部位(如图9－57所示)。

图9－57

(5)警棍控制技术

①限制性分析

受旅客列车左右座椅空间限制,使用警棍控制技术应避免选择通过左右扭转身体来控制犯罪嫌疑人,只宜利用车厢通道前后空间来移动和控制。

②警棍别臂控制技术

动作要领：开棍正手戒备，利用上劈击技术劈击目标持械手的小臂内侧，使其凶器脱手，我方左手迅速抓握目标人的右手腕部，向下、向后猛拉，顺势上挑警棍，从目标人的肘下穿过，同时左手以警棍为支点，向前推其右臂迫其弯曲，左手握警棍前端下压，右手持棍别臂上提，完成别臂控制（如图 9－58 至图 9－65 所示）。

图 9－58

图 9－59

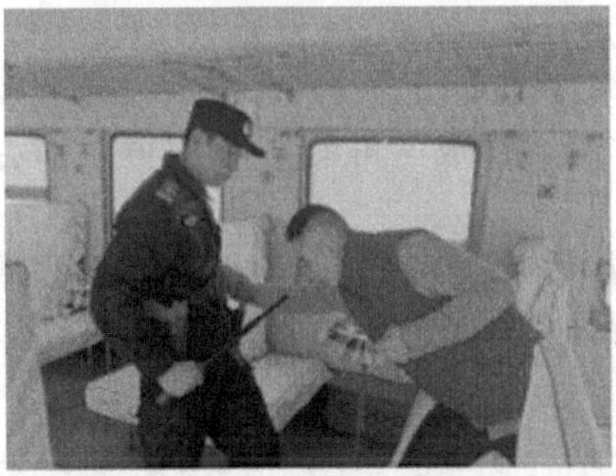

图 9－60

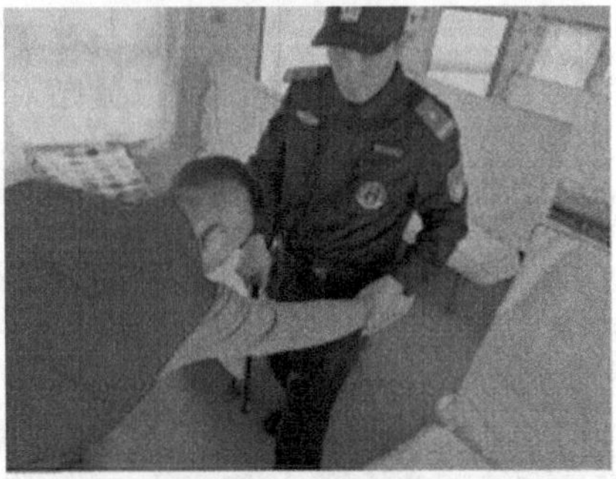

图 9－61

图 9－62

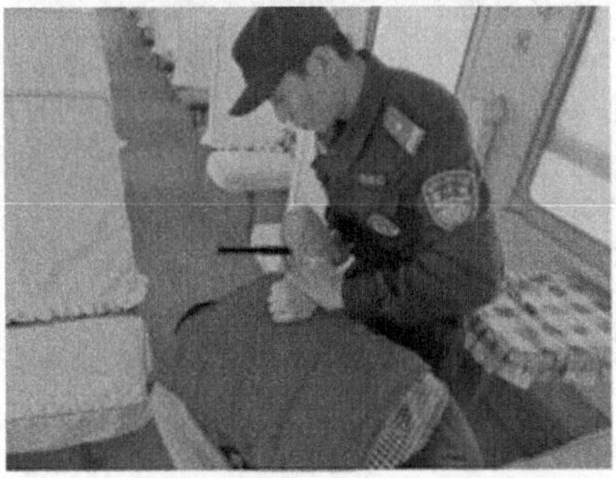

图 9－63

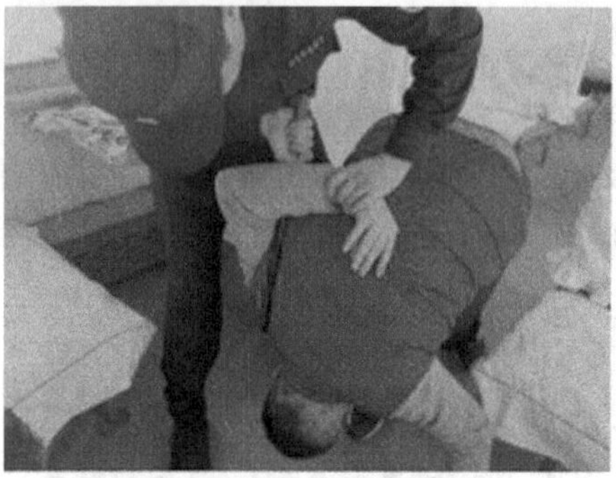

图 9 - 64

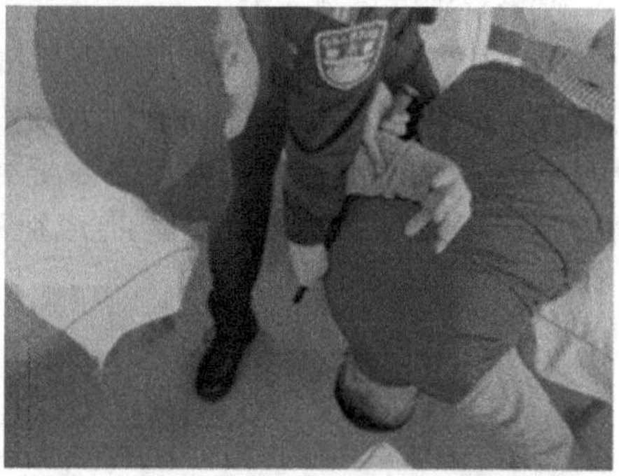

图 9 - 65

③颈部三角锁控制技术

动作要领:

A. 插棍。正面面对犯罪嫌疑人,右手持棍迅速上右步靠近犯罪嫌疑人,掌心向上将警棍沿对方右侧颈部穿过,持棍手腕向对方颈部左侧转动 45 度。

B. 抓棍。左手掌心朝下迅速在对方的颈后侧抓握警棍中段。

C. 收棍。双手抓握距离应以紧贴对方颈部两侧为宜,身体向前贴靠将犯罪嫌疑人拉向自己身体,利用左右手臂的交叉合力形成三角锁,控制对方颈部右侧部位。

D. 压棍。双手继续锁压,力度适中,左脚后撤一步,右膝侧向跪地,同时用语言控制“蹲下！双手背到后面!”将其控制在地面(如图 9 - 66 至图 9 - 71 所示)。

图 9 - 66

图 9 - 67

图 9－68

图 9－69

图 9－70

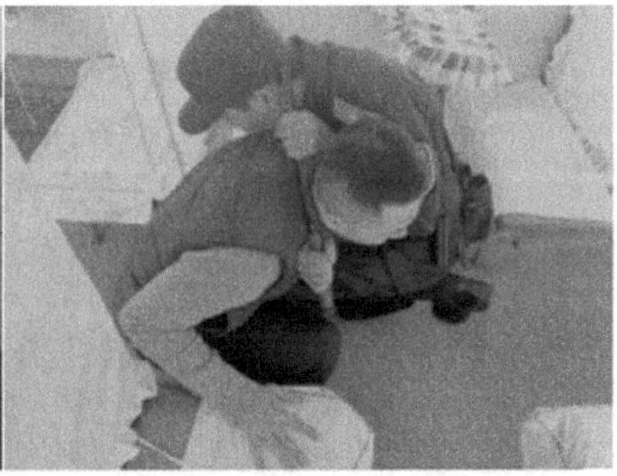

图 9－71

3. 警棍控制战法

接警、呼叫增援	⇨	到达现场	⇨	打开执法记录仪
警情评估	⇨	警棍腹前戒备	⇨	合理站位
保持安全距离	⇨	亮明身份	⇨	疏散旅客
上挑开棍	⇨	语言警告	⇨	警告无效
使用警棍控制	⇨	上铐	⇨	搜身
固定证据	⇨	带离	⇨	报告情况

实训项目十　铁路反暴恐处置战法

一、实训目的

通过实训，使学生掌握反暴恐处置战法，提升实战处置能力。

二、实训要求

教师精心准备，科学施教，严格要求。学生令行禁止，规范操作，灵活处置，注重安全。

三、实训方法

讲解法、示范法、分段练习法、完整练习法、检查纠错法、案例模拟对抗训练法。

四、实训学时

4 课时(180 分钟)

五、实训场地、器材

(一)场地：铁路警务战术演练场

(二)器材：

名　称	数量	单位	用　途
多媒体设备	1	套	案例演示
单警装备	30	套	训练使用
防爆盾牌	30	块	训练使用
防爆钢叉	6	根	训练使用
抓捕器	6	副	训练使用
防暴长警棍	30	根	训练使用

续表

名　称	数量	单位	用　途
彩弹手枪	6	支	训练使用
彩弹	100	发	训练使用
训练用长砍刀	6	把	训练使用

六、实训内容

(一)两名警察处置战法

A 警察手持盾牌,B 警察选用长棍或防暴钢叉、抓捕器等装备,以持盾牌警察为依托,以警组形式,直接采取快速、有效进攻(如图 10－1 所示)。

图 10－1

1. 盾牌、长棍的配合使用。当暴恐犯罪嫌疑人持刀袭击警察时,持长棍警察运用戳击、劈击攻击暴恐犯罪嫌疑人,或者迫使犯罪嫌疑人无法近距离袭击警察;当犯罪嫌疑人近距离袭击警察时,持盾牌警察在防护戒备的同时,伺机运用撞击、戳击、切击,犯罪嫌疑人倒地后,持盾牌警察迅速实施盖压,以盾牌盖压其持凶器的手、手臂及凶器,持长棍警察使用长警棍迅速将凶器与犯罪分子分离,徒手控制后,上铐约束,搜身带离(如图 10－2 所示)。

图 10－2

2. 盾牌、防暴钢叉的配合使用。持防暴钢叉的警察站于持盾牌警察一侧，同进同退，协同处置。此战法适用于暴恐犯罪嫌疑人身后有墙体的特定环境。

两名警察将犯罪嫌疑人控制至墙体后，持防暴钢叉的警察迅猛叉住犯罪嫌疑人的腰、胸等部位，将其“钉”于墙体，持盾牌的警察迅速以盾牌盖压其持凶器的手，令其放下凶器。如不服从可用盾牌连续撞击迫其凶器，脱手、分离凶器后，将其控制，并上铐搜身带离现场(如图 10－3 所示)。

图 10－3

3. 盾牌、抓捕器的配合使用。持盾牌警察接近暴恐犯罪嫌疑人，持抓捕器的警察趁其不备，迅速、准确锁住暴恐犯罪嫌疑人脚踝处，将其拖倒于地面，持盾牌警察则快速盖压其凶器及手，抓捕器警察控制其另外一只手，持续反关节加压，迫使犯罪嫌疑人松开凶器，并拉动其身体，使其离开凶器，将犯罪嫌疑人控制，上铐搜身带离现场(如图 10－4 所示)。

图 10－4

4. 两面盾牌的配合使用。两名持盾牌的警察对暴恐犯罪嫌疑人形成犄角攻击之势，此战法适用于暴恐犯罪嫌疑人对旅客进行凶残砍杀时使用(如图10－5所示)。

图 10－5

5. 盾牌、武器的配合使用。以持武器的警察为核心，与暴恐犯罪分子保持安全距离，在使用枪支时，要防止火力交叉（如图 10－6 所示）。

图 10－6

（二）三名警察处置战法

A、B 警察持盾牌，C 警察持抓捕器，在处置中，以持盾牌的 B 警察为中心，警组以扇形移动，快速、有效处置（如图 10－7 所示）。

图 10－7

1. A 警察持盾牌，B 警察持防暴钢叉，C 警察持盾牌。持防暴钢叉的 B 警察站位于持盾牌的 A、C 警察之间，协同处置。此战法适用于暴恐犯罪嫌疑人身后有墙体的特定环境。警察将暴恐犯罪嫌疑人控制在墙体后，B 警察迅猛叉住对方腰、胸部位，将其“钉”于墙体，同时，A、B 警察迅速运用盾牌盖压其手臂，连续使用盾牌撞、戳击，迫使犯罪嫌疑人凶器脱手，上铐将其控制，搜身带离现场（如图 10－8 所示）。

图 10－8

2. A 警察持盾牌，B 警察持抓捕器，C 警察持长棍。A、C 警察直接攻击或者佯装攻击暴恐犯罪嫌疑人，在处置过程中，持抓捕器 B 警察趁其不备锁住暴恐犯罪嫌疑人脚踝部位，拖拉致其倒地，持盾牌 A 警察迅速以盾牌盖压犯罪分子持凶器的手，持长棍 C 警察迅速使用警棍使凶器与犯罪嫌疑人脱离，上铐控制后，搜身带离（如图 10－9 所示）。

图 10－9

3. A、C 警察持盾牌，B 警察持武器。A、B、C 警察与暴恐犯罪嫌疑人保持安全距离，以持武器 B 警察为中心，使用枪支时，持盾牌 A、C 警察应向后退半步，防止火力交叉（如图 10－10 所示）。

图 10－10

4. 三名警察分为两组，即 A 组为两名警察，B 组为单警，与暴恐犯罪嫌疑人成 130 度夹角，A 组中有一名警察持盾牌，另一名警察可持抓捕器、长棍等，B 可选配盾牌、伸缩警等，A 组警察可采取佯攻或直接强力处置战法，B 警察伺机进攻（如图 10－11 所示）。

图 10－11

（三）四名警察处置战法

1. 四名警察分成两组，A 组（A、B 警察）和 B 组（C、D 警察），每组警察各持一面盾牌，A 组与 B 组形成犄角之势，面对暴恐犯罪嫌疑人，采取快速、有序进攻，协同处置（如图 10－12 所示）。

2. 四名警察分成两组，A 组（A、B、C 警察）和 B 组（D 警察），A 组 A、C 警察持盾牌，B 警察持武器控制，D 警察可运用语言和动作佯攻，吸引暴恐犯罪嫌疑人注意力，A 组可采取强力攻击战法（如图 10－13 所示）。

图 10－12

图 10－13

3. 四名警察成弧形围控之势，A、C 警察各持一面盾牌，B 警察持防暴钢叉，D 警察持武器控制，四名警察与暴恐犯罪嫌疑人形成大于 130 度的夹角，A、C 警察通过语言和动作佯攻，吸引其注意力，B 警察持防暴钢叉伺机叉住对方腰、胸部，持盾警察迫使犯罪嫌疑人凶器脱离后，上铐将其控制，搜身带离现场（如图 10－14 所示）。

图 10－14

实训项目十一　铁路带离押解战术

一、实训目的

通过带离押解战术的实训，使学生掌握带离押解战术的要求、方法，达成站车环境下安全带离押解的实训目的。

二、实训要求

教师精心准备，器材齐全，科学施教，严格要求；学生练习分组明确，角色明晰，重视细节，安全处置。

三、实训方法

示范法、讲解法、练习法、纠错法、案例模拟法、评议法。

四、实训学时

4 课时（180 分钟）

五、实训场地、器材

（一）场地：铁路警务战术演练场

（二）器材：

名　称	数量	单位	用　途
多媒体设备	1	套	案例演示
教具手枪	50	支	训练使用
手铐	25	副	训练使用
警绳	25	根	训练使用
脚镣	8	副	训练使用
夹板	8	块	训练使用
警棍	25	根	训练使用

续表

名　称	数量	单位	用　途
警车	4	台	训练使用
模拟旅客列车车厢	3	节	模拟场景使用
模拟室内临时看守房间	5	间	模拟场景使用

六、实训内容

(一)带离方法

根据执法任务要求和现场涉嫌违法犯罪人员的具体情况选择带离的方法。

1. 思维控制带离

运用适度的欺骗,减轻其心理负担,进而麻痹其思想,使其不反抗、不逃跑、无法丢弃物证,配合带离行动。

(1)要求配合带离

对需带离的涉嫌违法犯罪嫌疑人,边带边聊,用轻松话题分散嫌疑人的注意力,以例行公事,配合调查理由,要求其到指定地点,进行安全检查后再进行询问。

(2)避重就轻带离

对需带离的涉嫌违法犯罪嫌疑人,对发现的疑点或问题以较轻的处罚为理由,减轻其反抗的动机(如可能要拘留,以要进行罚款处罚为理由),带至指定地点配合调查,进行安全检查后再进行询问。

(3)示假隐真带离

对需带离的嫌疑人,故意隐藏其真的违法犯罪事实,以其没有的违法、违规行为为理由实施欺骗带离(如有人举报带有违禁品、身份证是假的,实际上没有这些行为),要求其到指定地点配合调查。实施安全检查后,点出实质问题,进行询问(如图 11－1 所示)。

图 11－1

2. 肢体控制带离

涉嫌违法犯罪嫌疑人疑点较大，有可能逃跑、反抗，为占取主动权，防范突然的反抗和逃跑，警察对其肢体在带离过程中应进行适度的控制。

（1）握臂携腕法。负责控制带离的警察控制涉嫌违法犯罪嫌疑人的强手（以右手为例），右手大拇指和中指为力点抓握其右手腕关节处，左手抓握其右上臂回压，紧贴自身胸腹前，同向匀速行走带离。如其反抗可借力回带后双手包握用力折压其腕关节控制（如图 11－2 所示）。

图 11－2

（2）握臂折指法。负责控制带离的警察控制涉嫌违法犯罪嫌疑人的强手（以右手为例），右手抓握其中指，适度施压，左手抓握右上臂回压（或其腰带后中部），紧贴自身胸腹前，同向匀速行走带离。如其反抗可借力回带后折压其中指关节控制（如图 11－3 所示）。

图 11－3

3. 强行带离

（1）压点控制带离。对严重危害社会治安秩序或者威胁公共安全的人员，经警告无效后，实施压点控制强行带离。

①下颌骨角神经点控制法——保持自己稳定的重心；固定对方头部；用大拇指尖准确按压下颌骨角神经向鼻尖方向按压；若对方继续反抗，可用固定其头部的手进行互压；对方如服从指令停止按压（如图 11－4 所示）。

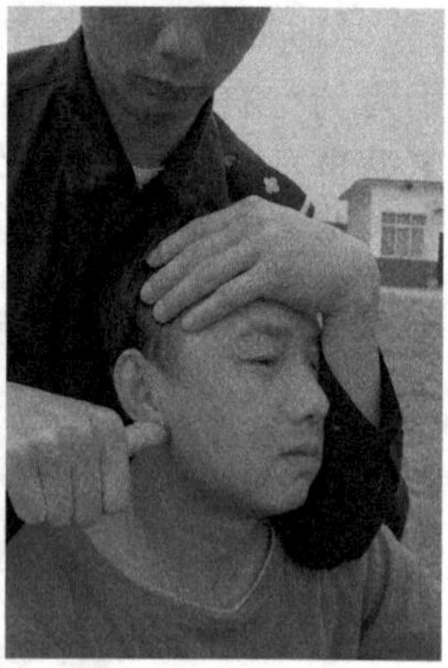

图 11－4

②框内神经点控制法——保持自己稳定的重心；固定对方头部；利用食指指节，从上移下横压于神经点上准确按压框内神经；指节沿 45 度向头顶中央方向按压；对方如服从指令则停止按压（如图 11－5 所示）。

③舌下神经点控制法——保持自己稳定的重心；固定对方头部；用大拇指指尖准确按压舌下神经点，指尖或指节向头顶中央方向施压；对方如服从指令则停止按压（如图 11－6 所示）。

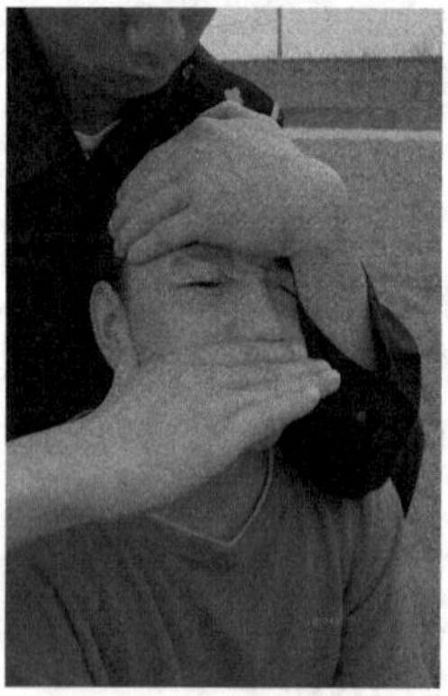

图 11－5

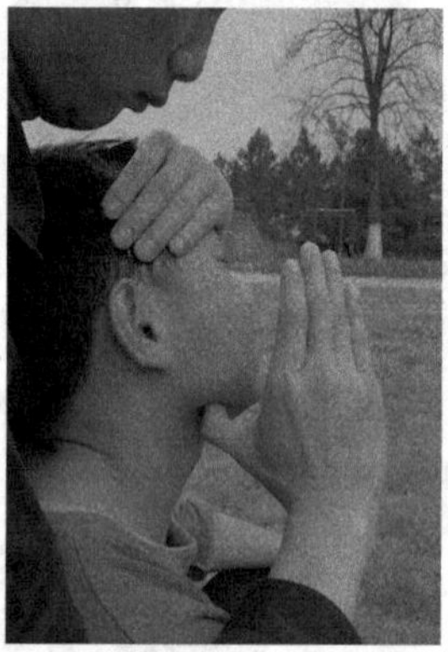

图 11－6

（2）身体搬动带离。

①双人搬离法。对处于坐姿的涉嫌违法犯罪嫌疑人员，警告无效后，两名警察由其后方接近，一名警察从嫌疑人后右侧接近，右手握其右手腕，左手从其右腋穿过，另一名警察从后左侧接近，动作相反，同时用力，同向匀速行走，将执法相对人搬离现场，如其反抗，同时折压其手腕制伏（如图 11－7、图 11－8 所示）。

图 11 -7

图 11 -8

②四人搬离法。对处于仰(卧)姿的涉嫌违法犯罪嫌疑人员,警告无效后,一名警察折其踝关节令其俯卧,然后两名警察各握一臂,两名警察各携握其膝关节上部,同时用力同向匀速搬离(如图 11 -9 所示)。

图 11 -9

（二）押解方法

1. 短途押解

（1）徒步押解，对违法犯罪嫌疑人从违法犯罪现场押解至执法办案中心办案区使用。

①提铐押解：将犯罪嫌疑人上背铐，押解时，警察用右手抓住铐链，稍用力向上提即控制犯罪嫌疑人双臂，左手压犯罪嫌疑人肩部协助控制（如图 11－10 所示）。

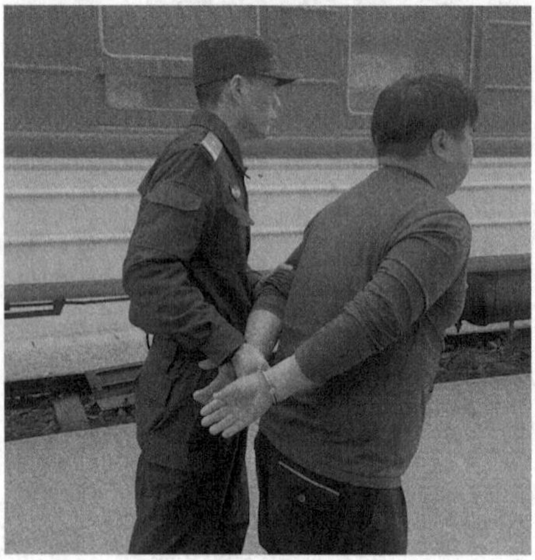

图 11－10

②折腕带押解：将犯罪嫌疑人背铐，用右手折压犯罪嫌疑人右手腕，左手抓握犯罪嫌疑人左肘部协助控制（如图 11－11 所示）。

图 11－11

③警棍别臂押解：将犯罪嫌疑人背铐，警察用左手抓握住犯罪嫌疑人右手腕，把警棍由上向下插入犯罪嫌疑人右臂下。押解时，右手持棍下压，左手握抬棍前管，将犯罪嫌疑人右臂控制（如图 11－12 所示）。

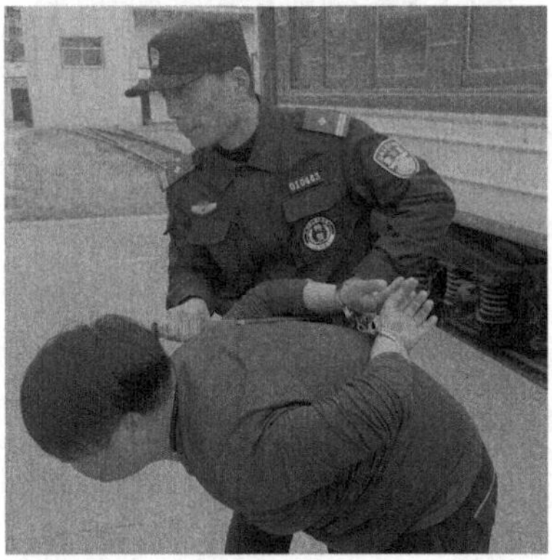

图 11－12

（2）徒步加固押解，从羁押、审讯地押解指认作案现场、罪证、辨认时使用。

①挽臂法。行走路途较近时，没有交通流量、地理环境的危险，从车上带下后到安全的地点，在严密控制下，将犯罪嫌疑人由背铐改用前铐，两名警察各挽犯罪嫌疑人的一手臂，需指认时，右侧警察松开右手臂。抓握腰带，由犯罪嫌疑人指认拍照。重要或危险的犯罪嫌疑人手铐加脚镣约束（如图 11－13、图 11－14 所示）。

图 11－13

图 11－14

②牵引法。行走路途较远时，有地理环境的危险。从车上带下后到安全的地点，手铐加绊绳约束，绊绳间距一般不超过 80cm，一名民警在其身后握绳牵引，两名民警在两侧挽臂控制。重要或危险的犯罪嫌疑人手铐加脚镣加牵引绳约束（如

图11－15所示)。

图11－15

短途徒步押解要注意犯罪嫌疑人过门、窗、马路、楼梯、路边为悬崖峭壁等地,这些是其逃跑、自杀的高风险点,应约束性警械辅助徒手控制加固防范。

(3)小型车辆押解,对违法犯罪嫌疑人从违法犯罪现场押解至执法办案中心或羁押点使用。

①约束:对犯罪嫌疑人或犯罪分子上背铐(铐链从其腰带上穿过)或押解绳约束,有条件的可使用专用押解手铐。

②检查:对所使用的押解械具进行检查,确保械具的牢靠性,对犯罪嫌疑人或犯罪分子的人身进行检查,对车内进行检查,排除行凶、逃跑、自残工具。

③遮盖:对犯罪嫌疑人或犯罪分子的头部加戴头罩。

④固定:把犯罪嫌疑人或犯罪分子送入车内,定位坐在后排中间位置。用安全带(或警绳)将嫌疑人固定在专门座位上。

⑤封闭:将车门、车窗锁定。

⑥控制:两名押解民警分坐在犯罪嫌疑人两侧警戒,一名民警挽臂控制,另一名民警专门负责用手抓稳手铐或警绳,途中随时观察安全带卡口是否紧固。如果是两名犯罪嫌疑人使用联铐将其铐在一起,固定坐在车内后排右侧副驾驶座后,后排一名民警专门负责用手抓稳手铐。

2. 长途列车押解方法

(1)押解的要求

①押解工作实行"谁押解,谁负责"的原则,押解人员要认真落实各项安全防范措施,保证万无一失。未采取防范措施、不能确保安全的,不准执行押解任务。

②执行押解任务的民警要明确分工,协同作战,保持高度的警惕性。

③押解时,按3∶1的比例安排警力,即至少三名民警押解一名押解对象。押解

重要的或危险的押解对象时，要适当增派警力，并至少有一名所队以上领导带队。

④有多名押解对象时，不允许其相互间谈话交流，不允许被押解人单独行动，严防发生逃跑、行凶、自杀等意外情况。

⑤禁止殴打、侮辱、虐待等侵害押解对象人身权利和人格尊严的行为。

⑥要注意押解对象解手、吃饭、假睡、假病的风险点的防范。

⑦地方公安机关或其他单位请求铁路公安机关执行押解任务的，要向乘警所属的铁路公安处级以上铁路公安机关出具公函。公安处要将任务情况通报有关的乘警支队。

(2)押解前

①执行押解任务前，办案部门或监所要确定押解民警，制定押解方案，报铁路公安处有关领导审批同意后执行，同时报督察部门备案。对方案要严格保密。

②押解前要及时了解被押解人员的主要案情、思想表现、认罪态度，对被押解人员进行教育，宣布押解途中必须遵守的纪律。对被押解人员进行人身和物品检查。

③押解前对押解对象使用约束类警械进行控制，防止其逃跑或自杀等。对重刑犯要加带脚镣，并适当固定在座位某处。

(3)押解中

①押解进站乘车或到站前，押解民警要提前通知车站派出所，车站派出所应做好协调、配合工作。

②执行押解任务乘坐火车前，押解民警要提前主动向列车乘警所属的铁路公安部门联系，通报有关案情和被押解人的情况。安排好乘坐车次，提前进站，待列车进站后，尽快与乘警联系。上车后，押解民警要向乘警出具所在单位或部门介绍信、押解民警的工作证件或相关法律文书。

③乘坐硬座车厢，尽可能安排在列车前后两端硬座车厢靠近厕所的座位，对车窗要关严，防止其自杀、自残或伺机袭警等。不与旅客混坐，以减少与旅客的接触及围观。在三人座位时，可将被押解人夹在中间，两侧各安排一名民警进行警戒。在两人座位时，令被押解人坐在里侧，押解人员则分别坐在其对面或外侧，轮流看守。旅客特别多时可联系车长或乘警将被押解人员送往火车预留车厢。

④乘坐卧铺车厢时，应将被押解人员安排在下铺，押解 2～5 名被押解人乘坐卧铺时，尽可能将被押解人集中在一组卧铺单元内，铐坐在一起，关闭其卧铺的车窗，押解人员轮流看守，严密控制，防止被押解人员跳车逃跑或自杀。

⑤被押解人上厕所时，民警应提前进入厕所进行检查，采取措施防止其自伤、自残、自杀或脱逃。民警不得将手铐、警绳全部松开，应对其进行正手锁铐或捆绑，不得锁止厕所门，民警应近距离监控，不能离开视线。被押解人是女性的，上厕所时，由女民警负责看管。被押解人为多人的，上厕所时，必须逐一进行。暂时不要

让旅客接近，防止嫌疑人同伙混入袭警。

⑥被押解人吃饭、饮水、睡觉时，民警应将其正手锁铐和捆绑，事后马上恢复原状，不得提供尖利的餐具和筷子给押解人用餐。

⑦中途转车或终点下车时，应在旅客下车后再押解下车，如转车不住宿，可在候车室或公安派出所、警察值勤室看管，押解途中需要住宿的，应将被押解人员送当地监所临时寄押。

(4)押解后

长途押解的善后处置尤为重要，在押解行动最终结束前，不能出现丝毫放松懈怠情绪。尤其在最后交接被押解人员时更要小心，被押解人员想抓住机会反抗，而押解人员容易放松警惕，要防止押解人员下车时袭击民警或出现其他意外情况。人员交接后，对其乘坐的车厢和所坐的位置要进行检查，防止被押解人员藏匿相关犯罪证据。

3.押解突发情况处置

(1)仔细查验、严防脱逃

民警在实施押解任务前，应对交通、通信工具、武器、械具等仔细查验，按押解方案认真做好准备，押解中要保持高度戒备，严防骚乱。押解途中被押解人员脱逃时，应立即组织警力追捕，并迅速向上级公安机关报告。如乘旅客列车途中押解犯罪分子脱逃时，应记住跳车的时间、地点，立即报告，并与前方车站公安机关联系，请求协助，就近下车追捕，不要轻易使用武器和跳车追捕。

(2)加强警戒、实施控制

押解途中，遭到被押解人员同伙袭击劫夺时，应停止前进，命令被押解人员蹲、坐下或快速向安全地带转移，加强警戒，迅速组织警力抢占有利地形，视情况依法使用警械或武器进行控制，向上级公安机关报告，并与当地公安机关联系，请求支援。

(3)发生脱逃组织追捕

执行徒步押解或乘汽车押解成批的被押解人员时，如发生暴乱、逃跑，应停止前进，将被押解人员迅速集中坐下，严加警戒。对不听制止的，则予以处置。如发生脱逃的应立即组织警力追捕，对首犯或危险分子应采取隔离押解措施。

(4)出现病亡及时报告

押解途中被押解人员如患病时，应在现有条件下积极治疗，一般不得将被押解人员留下；如病情严重，可与当地医院联系，留人监守治疗。押解途中，如发生被押解人员病亡或逃跑暴力拒捕时被击毙的，应保护好现场，及时报告上级公安机关。

(三)临时看守

临时看守是指民警对犯罪嫌疑人临时拘押审讯，或执行押解路途中所采用的短时看管方法。

1. 临时看守的目的

(1)严防犯罪嫌疑人逃跑。

(2)严防犯罪嫌疑人被谋杀、自杀、自残。

(3)严防犯罪嫌疑人互相串供。

(4)严防他人传递信息或走漏消息。

2. 临时看守的要求

(1)看守民警应恪尽职守,尊重犯罪嫌疑人的人格,保护犯罪嫌疑人的人身安全。

(2)对犯罪嫌疑人约束类警械、人身进行检查,对临时羁押场所的物品进行清理,如锋刃物品、电线、煤气等,防止犯罪嫌疑人利用自身、场所的物品自残、自杀、袭警。必要时应对犯罪嫌疑人的双眼进行遮蔽。

(3)对羁押地点门、窗进行检查,采取必要的措施,清除安全隐患,防止犯罪嫌疑人脱逃。

(4)临时看守期间,非办案民警不准会见犯罪嫌疑人,不允许家属、朋友接触犯罪嫌疑人或送东西,需转交家属的物品必须严格检查,防止犯罪嫌疑人向外传递信息。

(5)同一案件的多名犯罪嫌疑人要分开看守,以防串供。

(6)看守民警要轮流值班,两人以上看守,绝对不许同时睡觉,更不能喝酒,随时注意检查械具,并注意犯罪嫌疑人的情绪变化,严防犯罪嫌疑人行凶或逃跑。

(7)看守民警要了解犯罪嫌疑人的思想动态,采取适当的语言安慰犯罪嫌疑人,消除其反抗和逃跑的动机。

(8)犯罪嫌疑人要求上卫生间时,应对卫生间的门进行控制,犯罪嫌疑人的行为要始终处于看守人员的视野中,防止犯罪嫌疑人利用此机会自残、反抗、逃跑。

(9)长途押解临时看守时,可就近请当地公安机关协助寄押看守。乘火车时,要与乘警(长)取得联系,协助看守。

实训项目十二　现场急救

一、实训目的

通过实训，使学生掌握止血、包扎、固定、搬运外伤现场急救技术、徒手心肺复苏技术的基本方法，使学生具备现场自救互救的基本能力。

二、实训要求

教师精心准备，科学施教，严格要求；学生练习判断准确，操作规范，措施得当。

三、实训方法

讲解法、示范法、练习法、纠错法、案例模拟法。

四、实训学时

4 课时（180 分钟）

五、实训场地、器材

（一）场地：铁路警务战术演练场

（二）器材：

名　称	数量	单位	用　途
多媒体设备	1	套	方法演示
橡皮止血带	25	条	练习使用
绷带	25	条	练习使用
三角巾	25	条	练习使用
夹板	10	副	练习使用
担架	5	副	练习使用
心肺复苏模拟人	25	个	练习使用

六、实训内容

现场急救处理的基本技术主要有止血技术、固定技术、包扎技术、搬运技术、徒手心肺复苏技术等。其中止血技术、固定技术、包扎技术大部分可以作为自救的现场急救措施；搬运技术、徒手心肺复苏技术则是属于互救的现场急救措施。

(一) 止血技术

人体受创伤后，会导致伤口出血。伤口大量出血达到人体总血量（4000～5000ml）的20%～30%，即可能使人出现失血性休克导致死亡，这是造成伤员早期死亡最直接的原因之一。因此，及时有效的止血是延长伤员生命的一项最重要的工作。止血法是急救伤员的一项重要措施，我们必须熟练地掌握它，以便在遇到出血伤员时能及时而准确地进行自救和互救。

1. 出血种类

根据受伤血管的不同，出血可分为三种，不同种类出血，其止血方法也不同。现分述如下：

(1) 毛细血管出血。血液从创面或创口的四周渗出，出血量少、色红，找不到出血点，危险性小。止血时，在伤口处盖上消毒纱布或干净手帕，扎紧就可止血。

(2) 静脉出血。血色暗红，缓慢不断地流出，其后由于局部血管收缩，流血逐渐减慢，危险性较小。一般可抬高肢体的位置以减少流血，然后在出血部位进行加压包扎即可达到止血目的。

(3) 动脉出血。血色鲜红，出血来自伤口的近心端，且呈喷射状，持续地向外喷出。因为动脉压力大、出血速度快、出血量多，危险性大。

判断出血种类是进行有效止血的第一步。在白天或视线较好的情况下容易做到这一点，在夜间或视线不佳的现场就比较困难。凡是脉搏快而弱、呼吸浅促、意识不清、皮肤湿凉、衣服被血浸湿范围大，多表示伤员伤势严重或有较大出血。

2. 止血方法

(1) 直接指压法。急救人员用手直接压迫伤口上以临时止血，叫直接指压法。如条件允许，最好在出血的伤口与手之间垫上干净物品，如手帕等，以减少对伤口的污染。

(2) 间接指压法。直接指压法易污染伤口、效果不显著，故较少采用，而多用间接指压法。急救人员在出血动脉的近心端，用拇指或其余四指把动脉压在骨面上，予以止血。在动脉的走向中，最易压住的部位叫压迫点。我们应熟悉主要动脉的压迫点，并要熟练掌握。

间接指压法的常用压迫部位如下：

①头部出血。头部前面出血，要压迫颞动脉。压迫点在耳前，用手指正对下颌关节前面向骨面压迫。头部后面出血要压迫枕动脉，压迫点在耳后乳突附近的搏

动处(如图 12 - 1 所示)。

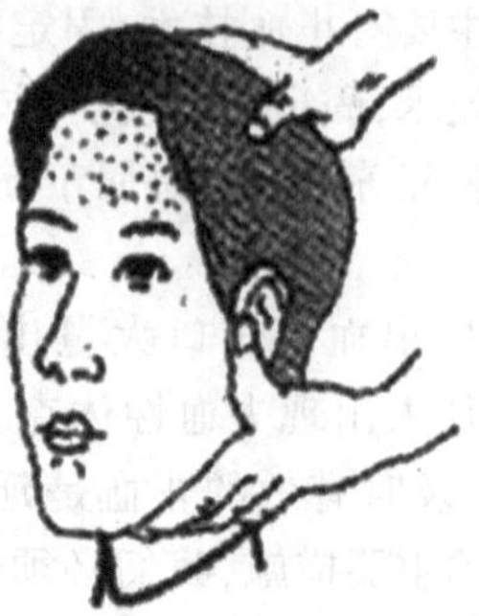

图 12 - 1 颞浅动脉指压法

②面部出血。应压迫面动脉,压迫点在下颌角前面约 1.5cm 处,用手指摸到动脉搏动后将该血管压迫在下颌骨上(如图 12 - 2 所示)。

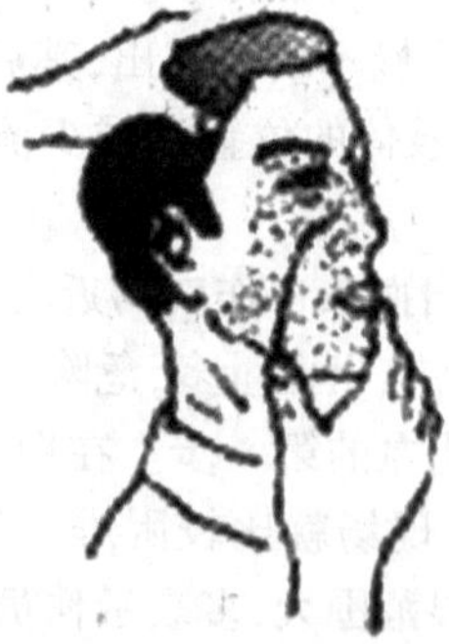

图 12 - 2 面动脉指压法

③颈部出血。压迫颈总动脉。用手指压在喉结甲状软骨两侧,向中间的颈椎横突压迫,但无论何时,都绝对禁止同时压迫两侧的颈总动脉,以免引起大脑缺氧(如图 12 - 3 所示)。

图 12－3　颈总动脉指压法

④上肢出血。肩部、腋部和上臂出血可压迫锁骨下动脉。压在锁骨上窝，胸锁乳突肌外缘，用手指将该动脉向后内正对第一肋骨压迫（如图 12－4 所示）。前臂出血可压迫肱动脉。使患肢外展，用拇指压迫上臂内侧（如图 12－5 所示）。手掌出血时可用两手的拇指放于前臂远端掌侧面的内外侧，将桡、尺二动脉压于桡、尺二骨上（如图12－6所示）。手指出血可压迫指动脉。压迫点在第一指节近心端两侧，用拇食指两指相对夹压（如图 12－7 所示）。

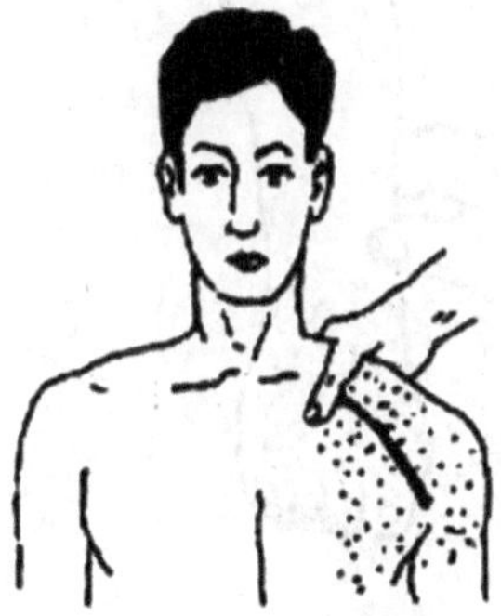

图 12－4　锁骨下动脉指压法

图 12－5　肱动脉指压法

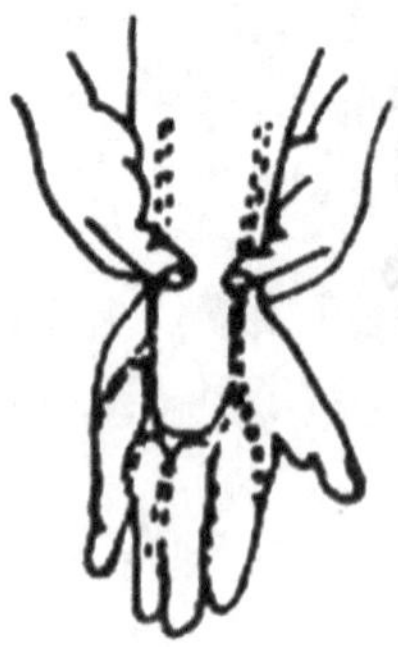

图 12-6　桡、尺动脉指压法

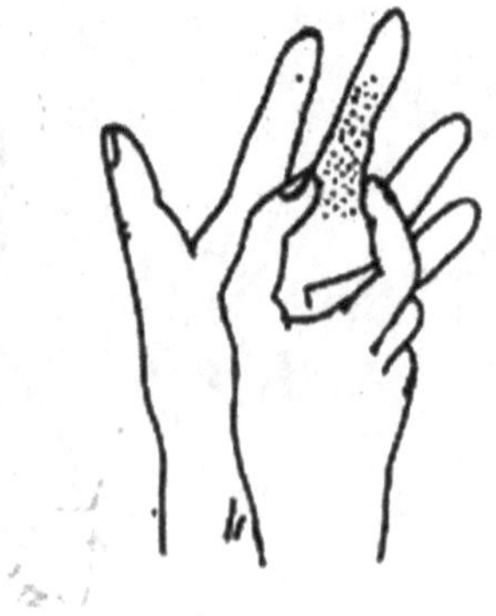

图 12-7　指动脉指压法

⑤下肢出血。大腿、小腿部出血可压迫股动脉，压迫点在腹股沟皱纹中点动脉搏动处，用手掌、指或拳向下方的股骨面压迫（如图 12-8 所示）。足部出血可压迫胫前动脉和胫后动脉。用两手的拇指分别按压于内踝与跟骨之间和足背皱纹中点（如图 12-9 所示）。

图 12-8　股动脉指压法

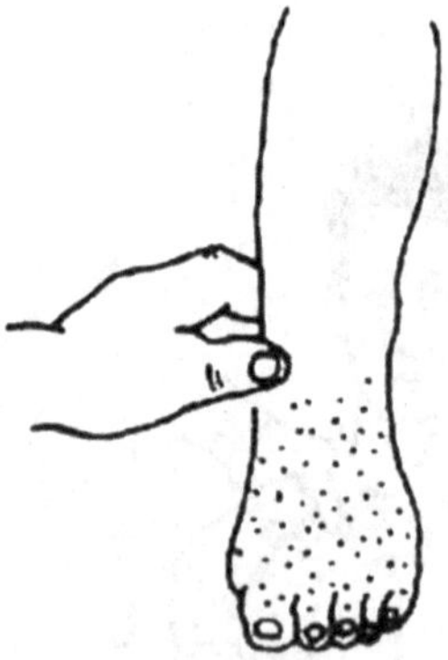

图 12-9　胫前、后动脉指压法

（3）止血带止血法。止血带分橡皮止血带、临时止血带等。止血带放置于出血部位的近心端，将伤脉扎紧、把血管压瘪而达到止血目的。这种止血方法较牢靠，但只能用于四肢血管的出血。

①橡皮带止血法。在肢体的恰当部位如股部的中下 1/3 处、上臂的中下 1/3 处，用纱布、棉布或毛巾、衣服等物作为衬垫后再上止血带。用左手的拇指、食指、

中指持止血带的头端,将长的尾端绕肢体一圈后压住头端,再绕肢体一圈,然后用左手食指、中指夹住尾端后,将尾端从止血带下拉过,由另一缘牵出,系成一个活结(如图12－10所示)。

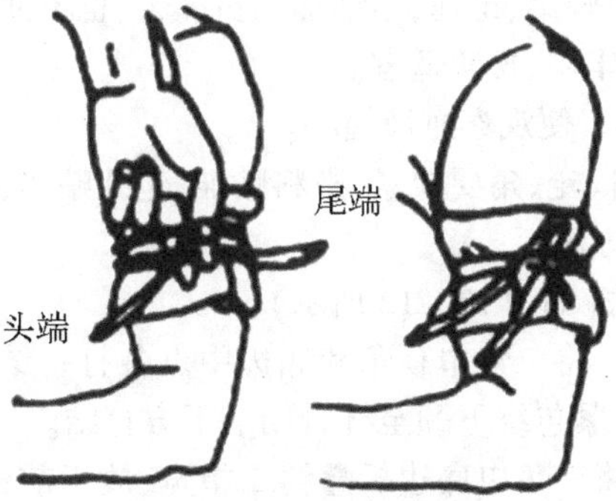

图 12－10 橡皮带止血法

②临时止血带止血法。可用手边现有的三角巾、布带、绷带、手帕等作绞紧带用(但禁用电线或绳索),在伤口近心端放好衬垫后,用临时制作的绞棒插圈下,提起绞紧,将另一头绞棒固定(如图 12－11 所示)。

图 12－11 临时止血带止血法

③止血带止血时应注意事项。止血带应放在伤口的近心端。上臂的中 1/3 部位不可上止血带,以免压迫损伤桡神经,引起上肢麻痹;止血带不能直接绑在皮肤上;止血带松紧要适度,以摸不到远端的脉搏和出血停止为度;止血带每隔 1 小时(上肢)到 2 小时(下肢)应松懈一次,每次放松 1～2 分钟;上止血带的肢体应很好地固定,冬季注意保暖,以免发生冻伤;上止血带的伤员要有明显的标志,并记录时间和部位。

（二）包扎技术

包扎伤口可以压迫止血，保护伤口，减少污染，固定敷料、药品和骨折，以及压迫止血和减轻伤员的痛苦。常用包扎器材有三角巾、毛巾、绷带等。

1. 包扎伤口时应注意事项

（1）包扎时动作要轻柔、迅速，不增加伤员痛苦，也不使伤口感染。

（2）包扎要准确、牢固、松紧适宜。

（3）指（趾）外露，以便观察血液循环。

（4）包扎时，边要固定、角要拉紧、敷料贴准、包扎贴实、结打牢固。

2. 三角巾的包扎方法

（1）头面部包扎法（如图 12－12 所示）：

①风帽式包扎法。将三角巾顶角和底边中点各打一结，形似风帽，顶角结打在前额，然后将两底角拉紧包绕下颈至枕骨结节下方打结。

②帽式包扎法。将三角巾底边折叠约二指宽，放于前额与眉弓相平，顶角拉至枕后，而底角沿两耳上方往后拉至枕骨粗隆下交叉，并将顶角折入一侧，外旋 90 度，使底角压住顶角，然后两手前拉，经两耳上方绕至前额部打结。

③单眼或双眼包扎法。把三角巾折叠成带形约四指宽，将 2/3 处向下斜放于伤侧眼部，从耳下绕枕后经患侧耳上至颞部，交叉旋转 90 度，压住绕头打结。单眼包扎在前额绕头，双眼包扎在双眼部位绕头。

④下颌包扎法。将三角巾叠成四横指宽，取 1/3 处托住下颌，长端经耳前绕过头顶至对侧耳前下方与另一端交叉，然后分别绕至前额及枕后于对侧打结。

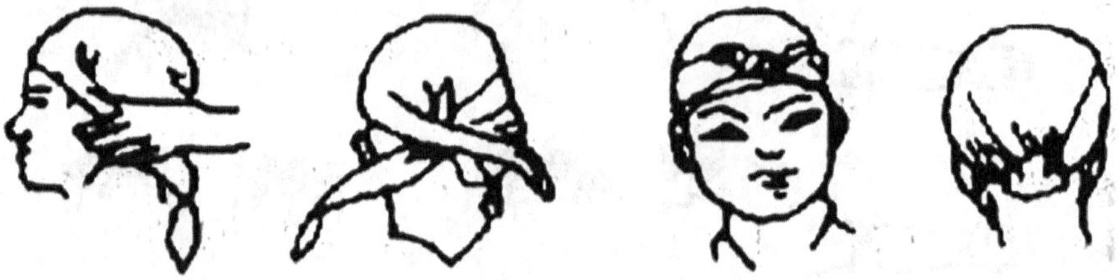

图 12－12　头面部包扎法

（2）胸背部包扎法：

①胸背部一般包扎法。将三角巾底边横放在胸部，顶角从伤侧越过肩上垂向背部，三角巾的中部盖在胸部的伤处，两底角拉向背部打结，顶角织带也和这两底角结打在一起。背部包扎则与胸部相反。

②胸背部燕尾式包扎法。先将三角巾折成燕尾状，置于胸前，两燕尾底角于背后打结，然后将两燕尾角分别放于两肩拉向背后，绕后背打结。背部包扎则与胸部相反。

(3)腹部包扎法：

与胸部包扎法相同,但顶角向下包扎。

(4)四肢包扎法：

①手(足)包扎法。将三角巾底边向上横置于腕部,手掌(或手背)放于三角巾的中央,再将顶角折回盖在手上,然后将两角交叉,再于腕部缠绕一周打结,打结时应将顶角再折回打在结内。

②手(足)"8"字包扎法。将三角巾折成带状,横放于手掌(或手背)在手背行"8"字交叉,绕腕打结。足包扎与手相同。

③膝部包扎法。根据伤情将三角巾折成适当宽度的带状,将带的中段斜放于伤部,取带两端分别压住上下两边,包绕肢体一周打结。

(5)上肢悬吊法：

①大悬臂带。用于前臂伤和骨折(肱骨骨折时不能用),将肘关节屈曲吊于胸前,以防骨折端错位、疼痛和出血(如图 12－13 所示)。

②小悬臂带。用于锁骨和肱骨骨折,肩关节和上臂伤,将三角巾折成带状吊起前臂(如图 12－14 所示)。

图 12－13　大悬臂法

图 12－14　小悬臂法

3. 绷带绷扎法

(1)环形绷法。卷轴带在身体的一部分环绕数周,层层相压。此法多用于颈部、腕部及额部。其他各种绷扎法开始时,经常以此法包扎一两周固定(如图 12－15所示)。

(2)蛇形绷法。用卷轴带斜形缠绕,每周之间保持一定距离而不相重叠。此法用在扶托敷料、夹板。

(3)螺旋绷法。以卷轴带作单纯的斜旋上升或下行,每周叠前一周的 1/2 或 1/3(如图 12－16、图 12－17 所示)。

(4)"8"字形绷法。此法为一周向上、一周向下的包扎。每周在正面和前面相交，并压盖前周1/2。多用于关节处，如肘、膝、腕、踝、肩和髋关节(如图12－18所示)。

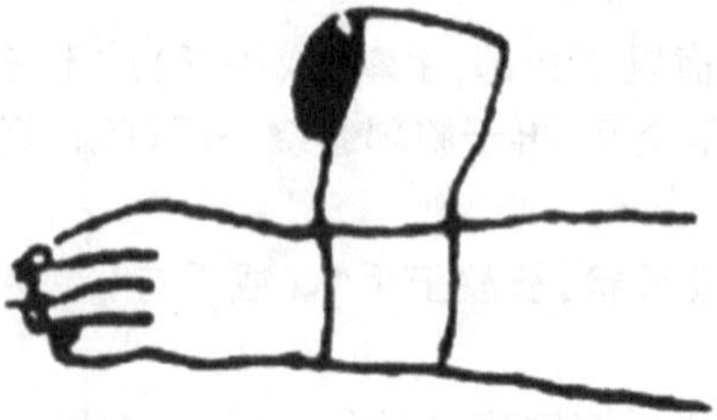

图12－15　环形绷法

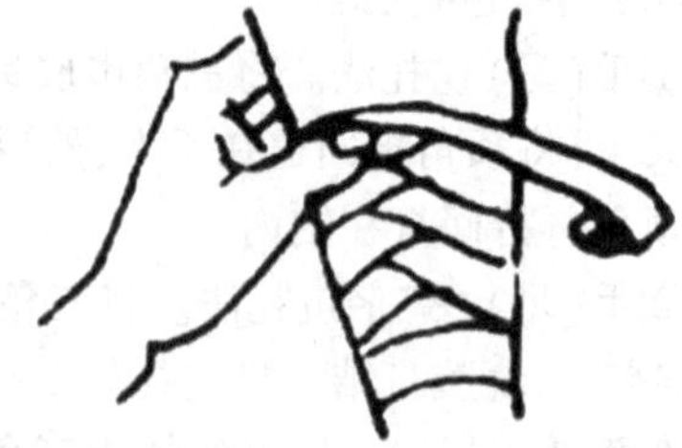

图12－16　螺旋反折绷法

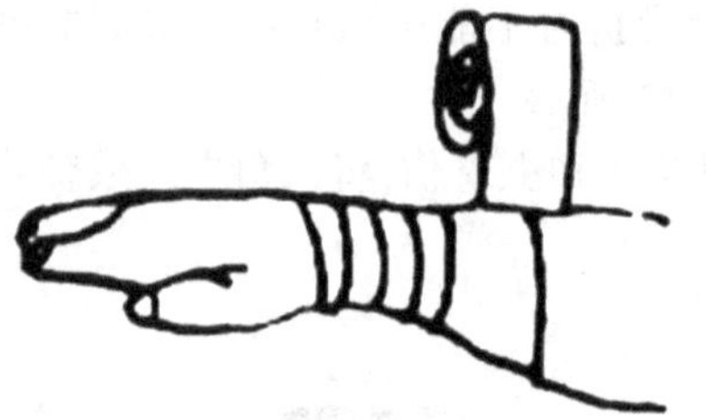

图12－17　螺旋绷法

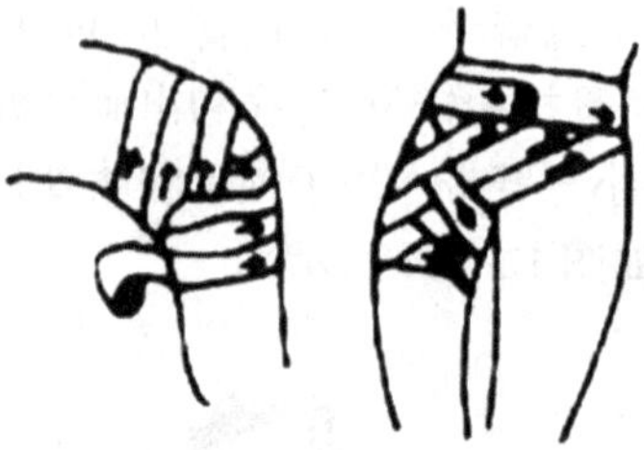

图12－18　"8"字形绷法

(三)固定技术

对发生骨折或脱臼的伤员，在搬运前必须认真做好固定技术工作，以方便搬运，减轻伤员的痛苦，更可防止骨折断段损伤血管、神经和重要器官。

骨折固定的材料：各种夹板(木制、铁制、石膏)、临时夹板(木板、木棍、树枝、枪支)等。如无各种材料，可固定于伤员躯干或健肢上。

1. 骨折的判断

(1)剧烈疼痛：用手轻轻按摩受伤部位时疼痛加剧。

(2)畸形：完全性骨折移位后，可能使肢体短缩或异常弯曲、成角等。

(3)异常活动：骨干完全性骨折，在肢体没有关节的部位出现不正常的活动。

(4)骨摩擦音：骨折端在移动时相互摩擦所发生的声音。虽然摩擦音是确证之一，但不能故意移动骨端来听这种声音，以免给伤员造成痛苦，或引起其他损伤及休克。

2. 各部骨折固定法

(1)前臂骨折固定法：

①夹板固定法。伤员前臂的掌、背侧各放一块夹板，用绷带或三角巾固定于功能位(屈肘90度)，再用三角巾悬吊胸前(如图12－19、图12－20所示)。

图 12－19 前臂骨折固定法

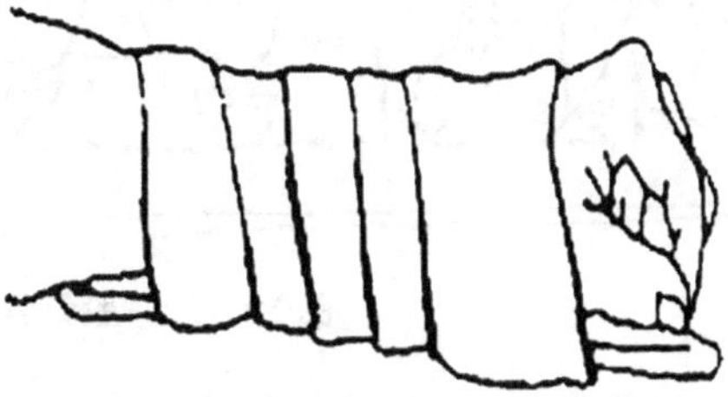

图 12－20 手腕部骨折固定法

②衣襟躯干固定法。将伤侧衣襟反折兜起伤臂，衣角剪孔挂在第一纽扣上，再用腰带或三角巾经肘关节上方绕胸部一周打结固定。

(2)肱骨骨折固定法：

①夹板固定法。取一块合适夹板，置于伤侧外侧（最好内侧同时置放一块）用折叠的带状的三角巾固定骨折的上、下两端，再用腰带或三角巾将手臂吊起，屈肘90度，最后用三角巾把伤肢绑在躯干上加以固定（如图 12－21 所示）。

图 12－21 肱骨骨折固定法

②三角巾固定法。三角巾折成 10～15cm 宽的带子，将肱骨固定在躯干上，屈肘90度，再用三角巾将前臂悬吊在胸前。

(3)股骨骨折固定法：

①夹板固定法。将夹板放于伤肢外侧（自腋下至踝部），关节及空隙部位加垫，用三角巾或绷带、腰带等分别在骨折上、下两端和腋下、腰部及膝、踝关节处固定（如图 12－22 所示）。

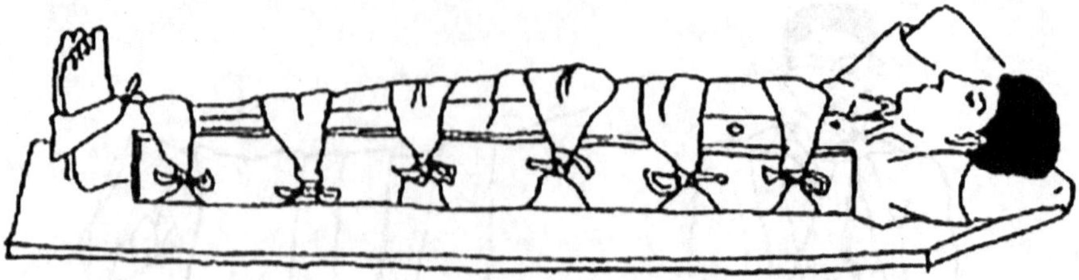

图 12－22　股骨骨折固定法

②健肢固定法。先将两下肢并列，在两腿的骨突起部（膝、踝关节处）和空隙处垫以衬垫，然后用三角巾或腰带、布条等将两下肢固定在一起。

(4)小腿骨折固定法：

①夹板固定法。夹板长至大腿中部至足跟，置于伤腿外侧（或下面），必要时内侧亦可放置一块，然后加垫，用三角巾于骨折上、下两端、大腿中部、膝上、膝下和足跟打结固定。足部三角巾折成带状"8"字形固定，使足与小腿成直角（如图 12－23 所示）。

图 12－23　小腿骨折固定法

②健肢固定法与股骨健肢固定法相同。

③树枝固定法。用两根相当于大腿下 1/3 处至足跟长度的粗细适宜的树枝，放于伤肢的内侧（或外侧）及肢体后侧，然后用三角巾固定。

3. 骨折固定的注意事项

①先止血、包扎，再固定。

②就地固定。

③固定的目的是制动而不是整复，任何试图整复的动作绝对禁止。

④固定的材料不宜直接接触皮肤，应在其间垫以棉布等柔软的材料。

⑤固定应松紧适宜。

⑥固定必须牢固可靠，将骨折端的上、下两个关节一起固定。

⑦固定后，给予明显标志，搬运途中，注意保暖。

(四)搬运技术

搬运是指将伤员送到医院,能得到及时救治。

1. 常用的各种搬运法

(1)徒手搬运。是没有器械的搬运,分单人和双人徒手搬运。

①单人徒手搬运。有扶持法、抱持法和背持法三种,根据伤员的伤情酌情采用(如图 12-24、图 12-25 所示)。

图 12-24 扶持法

图 12-25 抱持法

②双人徒手搬运。有扶持法、椅托法和拉车法三种,多用于头、胸、腹部重伤员(如图 12-26 所示)。

图 12-26 椅托法

(2)担架搬运。必须两人以上。

①椎损伤搬运

搬运椎损伤的伤员时,应多人用手分别托住伤员的头、肩、臀和下肢,动作一致将伤员搬起平放于硬板或门板担架上送往医院。搬动时，严禁抱头、抱脚等不合理的动作，以免躯干弯曲而加重损伤（如图 12－27 所示）。

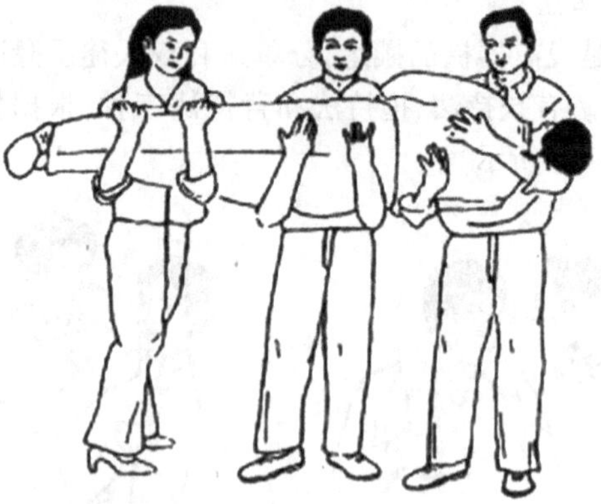

图 12－27　椎损伤伤员的搬运

②胸腰椎骨折搬运

应取俯卧位，由 3～4 人同时托住头、肩、臀和下肢，将伤员平放在担架上，上胸部稍垫高（如图 12－28 所示）。

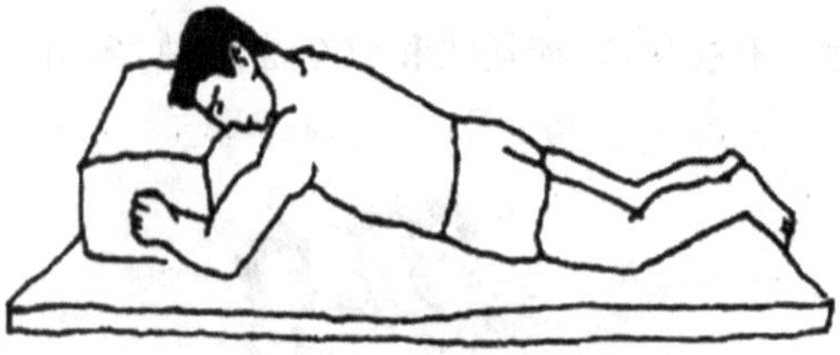

图 12－28　胸腰椎骨折伤员的搬运

③颈椎骨折搬运

必须有专人牵引固定头部，平抬伤员上担架，然后使其平卧，颈部两侧用棉衣固定略垫高，防止头部挪转或前曲。注意：这种伤员不能垫枕头（如图 12－29 所示）。

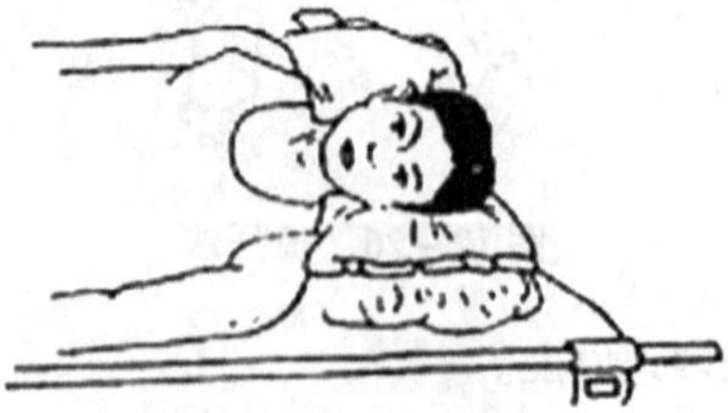

图 12－29　颈椎骨折伤员的搬运

2. 搬运伤员注意事项

(1)搬运前要尽量做好伤员的初步急救处理,一般应先止血、包扎、固定,后搬运。

(2)搬运动作要轻巧、迅速,避免不必要的震动。

(3)搬运过程中应随时注意伤情变化。

(五)徒手心肺复苏技术

徒手心肺复苏技术主要指人工呼吸和徒手体外心脏按压两大技术。如果伤员出现呼吸、心跳骤停,应立即实行人工呼吸和体外心脏按压,以尽力挽救伤员的生命。具体实施方法如下:

1. 一拍、二按、三呼叫

将伤员仰卧,立即拍打双肩、按压人中穴,并呼叫其姓名;如无反应,应设法向医疗机构求救。

2. 做人工呼吸

在伤员呼吸停止或衰竭时,使用人工的方法维持呼吸,并激发恢复正常呼吸功能,称人工呼吸。

(1)适应证

心跳骤停,因麻醉、溺水、电击、中毒及其他伤病引起呼吸停止者。

(2)实施方法

应先清除患者口腔内的异物、黏液及呕吐物,以保持呼吸道通畅,人工呼吸方能有效。

①使伤员头部后仰、抬起下颌,必要时可在颈下垫上东西,以保持呼吸道通畅。

②一手将伤员口腔掰开,另一手捏住鼻子。

③术者深吸一口气,横对伤员口部用力吹入,见胸廓扩张才算有效,口和手松开后,注意观察伤员胸廓是否复原后,再次吹入。前两次,每次两秒左右,以后一般每分钟14~18次为宜(或每5秒钟一次)(如图12-30所示)。

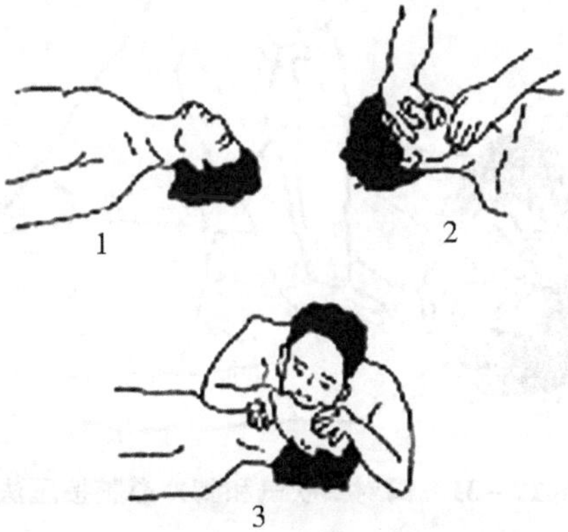

图12-30　口对口吹气法

(3)注意事项

①将患者置于空气新鲜、流通处的地面,以便施术。

②抢救时,如必须搬运伤员,也必须坚持人工呼吸。

③口内有异物,必须清除,必要时要用纱布包住舌头牵出,以免舌后缩阻塞呼吸道。

④头要侧向一边,以便口鼻分泌物流出。

⑤注意勿用力过猛,以免造成肋骨骨折。

⑥在没有确认患者死亡的情况下,不得停止。

3. 体外心脏按压

在病人心跳骤停时,用人工的方法,在病者的胸骨下段有节律地挤压心脏,以代替和激发心脏的自然收缩,达到维持血液循环,使心脏复苏的目的。这种方法称为体外心脏按压法。

(1)适应证

各种创伤、电击、溺水、窒息、心脏病或药物过敏等引起的心跳骤停。

(2)实施方法

①伤员仰卧硬板床或地上。

②术者在伤员的一侧,用一只手掌根部按压胸骨正中线的下 1/2 处,另一手压于其上,两手掌重叠,手指交叉,手指离开胸壁,两臂伸直垂直下压。按压应平稳有力且有规律,手掌不能离开胸壁,下压与向上放松时间基本相等,下压力度使胸骨下陷 3~5cm。幼儿用一只手即可,婴儿用 2~3 个手指即可。

③按压次数。成人以 76~80 次/分,小儿 90~100 次/分为宜;如能触及脉跳、血压上升到 60mm 汞柱以上,证明按压已见效(如图 12-31 所示)。

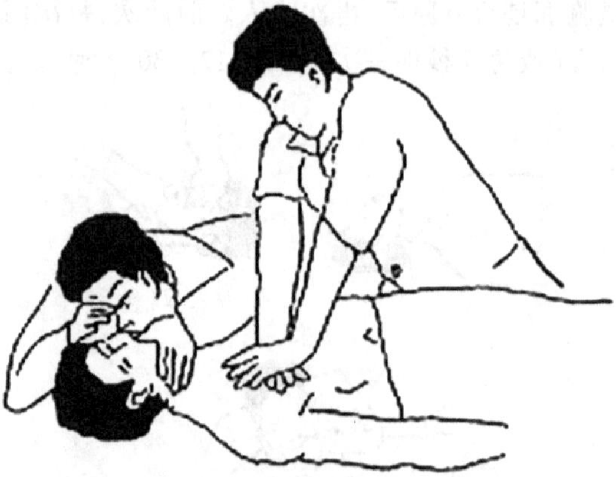

图 12-31　口对口吹气和胸外心脏按压法

④按压与呼吸比。单人—按压∶呼吸 =30∶2,双人—按压∶呼吸 =30∶2。

(3)注意事项

①按压位置和动作要准确,在心前区、剑突下或左右胸部。

②按压时用力必须均匀,不可过猛,以免发生肋骨骨折、气胸、血胸、肝脾破裂等。

(4)克服以下错误动作

①两臂未伸直,肘部弯曲,好像揉面一样。

②两臂未垂直下压,肩与手不是在一条直线上。

③两手掌未重叠、手掌未交叉,而是两手交叉放置于胸壁。

④每次按压手掌都离开胸壁。

参考文献

[1]公安部政治部编:《警察查缉战术教程》,警官教育出版社2005年版。

[2]高峰:《反劫制暴战术谈判》,中国人民公安大学出版社2004年版。

[3]郝宏奎:《反劫持谈判与战术》,中国人民公安大学出版社2005年版。

[4]王平主编:《警务技能训练教程》,中国人民公安大学出版社2004年版。

[5]李伟、欧阳立平主编:《人质解救与特种部队》,时事出版社2005年版。

[6]赵志飞主编:《警察临战学》,中国人民公安大学出版社2006年版。

[7]浦澍滩主编:《警务技能战术实训指导》,中国人民公安大学出版社2008年版。

[8]麻海龙、师原兵、王浩编著:《实用查缉战术教程》,群众出版社2005年版。

[9]陈文彪、付新河主编:《铁路站车查缉战术》,中国人民公安大学出版社2011年版。

[10]公安部人事训练局编:《公安民警反暴恐战法训练手册》,群众出版社2014年版。

[11]尹伟、郑卫民主编:《徒手防卫与控制》,中国人民公安大学出版社2015年版。

[12]尹伟主编:《警务战术基础训练指导手册》,中国人民公安大学出版社2013年版。

[13]王勇:《警察战术学应用理论》,中国人民公安大学出版社 2010 年版。

[14]盛大力:《特警枪械战术基础训练教程》,中国人民公安大学出版社 2011 年版。